AF462132

EUGÉNIE,
DRAME
EN CINQ ACTES ET EN PROSE.

PAR M. DE BEAUMARCHAIS.

Une ſeule démarche haſardée m'a miſe à la merci de tout le monde.

Eugén. Acte III. Scene IV

A PARIS,

Chez N. B DUCHESNE, Libraire, Rue S. Jacques, au-deſſous de la Fontaine S. Benoit, au Temple du Goût.

M. DCC. LXVIII.

ACTEURS,

Le Baron HARTLEY, pere d'Eugénie.

Le Lord Comte de CLARENDON, Amant d'Eugénie, cru ſon Epoux.

Mad. MURER, Tante d'Eugénie.

EUGÉNIE, fille du Baron.

SIR CHARLES, frere d'Eugénie.

COWERLY, Capitaine de haut bord, ami du Baron.

DRINK, Valet de Chambre du Comte de Clarendon.

BETSI, Femme de chambre d'Eugénie.

ROBERT, premier Laquais de Mad. Murer.

Perſonnage muets.

Des Valets armés.

HABILLEMENT *des Perſonnages, ſuivant le Coſtume de l'état de chacun en Angleterre.*

LE Baron HARTLEY, vieux gentilhomme du pays de Galles, doit avoir un habit gris & veſte rouge à petit galon d'or: une culotte griſe, des bas gris roulés, des jarretieres noires ſur les bas, de petites boucles à ſes ſouliers quarrès & à talons hauts, une perruque à la brigadiere ou un ample bonnet; un grand chapeau à Ragotzi; une cravate nouée & paſſée dans une boutonniere de l'habit; un ſurtout de velours noir par-deſſus tout l'habillement.

Le Comte de CLARENDON, jeune homme de la Cour, un habit à la Françoiſe des plus riches & des plus élégans: dans les IV & V. Actes, un fracq tout uni à revers de même étoffe.

Madame MURER, riche veuve du pays de Galles; une robe Anglaiſe toute ronde, de couleur ſérieuſe, à bottes, ſans engageantes, ſur un corps ſerré deſcendant bien bas; un grand fichu quarré à dentelles anciennes attaché en croix ſur la poitrine; un tablier très-long, ſans bavette, avec une large dentelle au bas; des ſouliers de même étoffe que la robe; une barette Angloiſe à dentelles ſur la tête, & par-deſſus un chapeau de ſatin noir à rubans de même couleur.

EUGÉNIE; une robe Anglaiſe toute ronde, de couleur gaie, à bottes, comme celle de Madame Murer; le tablier de même que ſa tante; des ſouliers blancs, un chapeau de paille doublé & bordé de roſe; une barette Anglaiſe à dentelles ſous ſon chapeau.

SIR CHARLES; un fracq de drap bleu de roi à revers de même étoffe, boutons de métal plats, veſte rouge croiſée à petit galon; culotte noire, bas de fils gris; grand chapeau uni, cocarde noire; les cheveux redoublés en queue groſſe & courte; manchettes plattes & unies.

M. COWERLY, Capitaine de haut bord, grand uniforme de Marine Anglaiſe, habit de drap bleu de roi à paremens & revers de drap blanc, un galon d'or à la Mouſquetaire; veſte blanche, même galon; double galon aux manches & aux poches de l'habit; boutons de métal en boſſe unis; grand chapeau bordé; cocarde noire forte apparente; cheveux en cadenettes.

DRINK; habit brun à boutonieres d'or & à taille courte, fait à l'Agloise.

BETSY ; jeune fille du pays de Galles ; une robe Angloise de toile peinte toute ronde à bottes : très petites manchettes; fichu quarré & croisé sur la poitrine ; tablier de batiste très-long ; barette à l'Anglaise sur la tête ; point de chapeau.

La Scene est à Londres, dans une Maison écartée, appartenant au comte de Clarendon.

Pour l'intelligence de plusieurs Scenes, dont tout l'effet dépend du jeu théatral, j'ai cru devoir joindre ici la disposition exacte du Salon. Aux deux côtés du fond, on voit deux portes : celle à droite est censée le passage par où l'on monte chez Madame Murer, celle à gauche est l'appartement d'Eugénie. Sur la partie latérale du Salon à droite, est la porte qui mene au jardin ; vis-à-vis à gauche, est celle d'entrée par où les visites s'annoncent. Du Plafond descend un Lustre allumé ; sur les côtés sont des cordons de sonnettes dont on fait usage. Cette vûe du Sallon est l'aspect relatif aux Spectateurs. En lisant la Piece, on sentira la nécessité de connoître cette disposition des lieux que j'ai indiquée en partie dans le Dialogue de la premiere Scene.

EUGÉNIE.

ACTE PREMIER.

SCENE PREMIERE.

Le Baron HARTLEY, Madame MURER, EUGE'NIE, BETSY.

Le Théâtre repréſente un Salon à la Françoiſe du meilleur goût. Des malles & des paquets indiquent qu'on vient d'arriver. Dans un des coins eſt une table chargée d'un cabaret à Thé. Les Dames ſont aſſiſes auprès. Madame Murer lit un papier anglais près de la bougie. Eugénie tient un ouvrage de broderie. Le Baron eſt aſſis derriere la table. Betſi eſt debout à côté de lui, tenant d'une main un plateau avec un petit verre deſſus; de l'autre une bouteille de maraſquin empaillée, elle verſe un verre au Baron, & regarde après de côté & d'autres.

BETSY

COMME tout ceci eſt beau! Mais c'eſt la chambre de ma maîtreſſe qu'il faut voir.

LE BARON *après avoir bu, remettant ſon verre ſur le plateau.*

Celle-ci à droite?

BETSY

Oui, Monſieur; l'autre eſt un paſſage par où l'on monte chez Madame.

LE BARON

J'entends: ici deſſus.

Madame MURER

Vous ne ſortez pas; Monſieur, il eſt ſix heures.

LE BARON

J'attends un caroſſe... Hé bien! Eugénie, tu ne dis mot.

eſt-ce que tu me boudes ? Je ne te trouve plus ſi gaie qu'autre-fois.

EUGÉNIE

Je ſuis un peu fatiguée du voyage, mon pere.

LE BARON

Tu as pourtant couru le jardin tout l'après-midi avec ta Tante.

EUGÉNIE

Cette Maiſon eſt ſi recherchée...

Madame MURER

Il eſt vrai qu'elle eſt d'un goût... comme tout ce que le Comte fait faire. On ne trouve rien à déſirer ici.

EUGÉNIE, *à part.*

Que celui à qui elle appartient. (*Betſi ſort.*)

SCENE II.

EUGE'NIE, LE BARON, Madame MURER, ROBERT

ROBERT

MOnſieur, une voiture...

LE BARON, *Robert en ſe levant.*

Mon chapeau, ma cane...

Madame MURER

Robert, il faudra vuider ces malles & remettre un peu d'ordre ici.

ROBERT

On n'a pas encore eu le tems de ſe reconnoître.

LE BARON, *à Robert.*

Où dis tu que loge le Capitaine

ROBERT

Dans Suffok Streilk tout auprès du Bagno.

LE BARON

C'eſt bon. (*Robert ſort.*)

SCENE III.

Madame MURER, le BARON, EUGE'NIE.

Madame MURER (*Le ton de Madame Murer, dans toute cette Scene, eſt un peu dédaigneux.*)

J'Eſpere que vous noublierez pas de vous faire écrire chez le Lord Comte de Clarendon, quoiqu'il ſoit à Windſor : c'eſt un jeune Seigneur fort de mes amis, qui nous prête cette Maiſon pendant notre ſéjour à Londres, & vous ſentez que ce ſont là de ces devoirs...

LE BARON, *la contrefaisant.*

Le Lord Comte un tel, un grand Seigneur, fort mon ami : comme tout cela rempli la bouche d'une femme vaine..

Madame MURER

Ne voulez-vous pas y aller, Monsieur ?

LE BARON

Pardonnez-moi, ma Sœur ; voilà ; trois fois que vous le dites : j'irai en sortant de chez le Capitaine Cowerly.

Madame MURER

Comme il vous plaira pour celui-là ; je ne m'y intéresse, ni ne veux le voir ici.

LE BARON

Comment ? le frere d'un homme qui va épouser ma fille !

Madame MURER

Ce n'est pas une affaire faite.

LE BARON

C'est comme si elle l'étoit.

Madame MURER

Je n'en crois rien. La belle idée de marier votre fille à ce vieux Cowerly qui n'a pas cinq cens livres sterling de revenu, & qui est encor plus ridicule que son frere le Capitaine !

LE BARON

Ma Sœur, je ne souffrirai jamais qu'on avilisse en ma présence un brave Officier, mon ancien ami.

Madame MURER

Fort bien : mais je n'attaque ni sa bravoure, ni son ancienneté : je dis seulement qu'il faut à votre fille un mari qu'elle puisse aimer.

LE BARON

De la maniere dont les hommes d'aujourd'hui sont faits c'est assez difficile.

Madame MURER

Raison de plus pour le choisir aimable.

LE BARON

Honnête.

Madame MURER

L'un n'exclut pas l'autre.

LE BARON

Ma foi, presque toujours. Enfin j'ai donné ma parole à Cowerly.

Madame MURER

Il aura la bonté de vous la rendre.

LE BARON

Quelle femme ! Puisqu'il faut vous dire tout, ma Sœur, il y a entre nous un dédit de deux mille guinées ; croyez-vous qu'on ait aussi la bonté de me le rendre ?

Madame MURER

Vous comptiez bien sur mon opposition, quand vous avez fait ce bel arrangement ; il pourra vous couter quelque chose, mais je ne changerai rien au mien. Je suis veuve & riche, ma Niéce est sous ma conduite, elle attend tout de moi ; & depuis la mort de sa mere, le soin de l'établir me regarde seule. Voilà ce que je vous ai dit cent fois : mais vous n'entendez rien.

LE BARON, *brusquement.*

Il est donc assez inutile que je vous écoute ; je m'en vais. Adieu, mon Eugénie, tu m'obéiras : n'est-ce pas ? (*Il la baise au front, & sort.*)

SCENE IV.

Madame MURER, EUGE'NIE.

Madame MURER

QU'il m'amène ses Cowerly. (*Après un peu de silence.*) A votre tour, Ma Niéce, je vous examine... Je conçois que la présence de votre pere vous gêne, dans l'ignorance où il est de votre mariage : mais avec moi que signifie cet air ? J'ai tout fait pour vous : je vous ai marié... Le plus bel établissement des trois Royaumes ! Votre Epoux est obligé de vous quitter, vous êtes chagrine ; vous brûlez de le rejoindre à Londres : je vous y amène, tout cede à vos desirs...

EUGÉNIE, *tristement.*

Cette ignorance de mon pere m'inquiéte, Madame ; d'un autre côté, Milord... Devions-nous le trouver absent, lorsque nos Lettres lui ont annoncé le jour de notre arrivée ?

Madame MURER

Il est à Windsford avec la Cour. Un homme de son rang n'est pas toujours le maître de quitter...

EUGÉNIE

Il a bien changé ?

Madame MURER

Que voulez-vous dire ?

EUGÉNIE

Que s'il avoit eu ces torts, lorsque vous m'ordonnâtes de recevoir sa main, je ne me serais pas mise dans le cas de les lui reprocher aujourd'hui.

Madame MURER

Lorsque je vous ordonnai, Miss ? A vous entendre, on croirait que je vous fis violence ; & cependant sans moi, victime d'un ridicule entêtement, mariée sans dot, femme d'un vieillard ombrageux, & sur tout confinée pour la vie au Château de Cowerly... Car rien ne peut détacher votre pere de son insipide projet.

EUGÉNIE

Mais si le Comte a cessé de m'aimer

Madame MURER

En ferez vous moins Miladi Clarendon ?... Et puis quelle idée ! Un homme qui a tout sacrifié au bonheur de vous posséder !

EUGÉNIE, *pénétrée.*

Il était tendre alors. Que de larmes il versa lorsqu'il fallut nous séparer ! Je pleurais aussi, mais je sentais que les plus grandes peines ont leur douceur quand elles sont partagées. Quelle différence !

Madame MURER

Vous oubliez donc votre nouvel état, & combien l'espoir de la voir bien-tôt mere, rend une jeune femme plus chere à son mari ? Ne lui avez-vous pas écrit cette nouvelle intéressante ?

EUGÉNIE

Son peu d'empressement n'en est que plus affligeant.

Madame MURER

Et moi je vous dis que vos soupçons l'outragent.

EUGÉNIE

Avec quel plaisir je m'avouerais coupable !

Madame MURER

Vous l'êtes plus que vous ne pensez : & cette tristesse, ces larmes, ces inquiétudes... Croyez-vous tout cela bien raisonnable ?

EUGENIE

Graces aux considérations qui tiennent notre Mariage secret, il faut bien que je dévore mes peines. Mais aussi, Milord, n'être pas à Londres le jour que nous y arrivons ?

Madame MURER

Son valet de chambre est ici : je vais envoyer chez-lui pour vous tranquiliser. (*Elles sonne.*)

SCENE V.

DRINK, Madame MURER, EUGE'NIE.

DRINK, *à Eugénie*

Que veut Milady

Madame MURER

Encore Milady ? On lui a défendu cent fois de vous nommer ainsi.

EUGÉNIE, *avec bonté.*

Dis-moi, Drink, quand ton Maître revient-il à Londres

DRINK

On l'attend à tout moment : les relais sont sur la route demain le matin.

Madame MURER.

Vous l'entendez. Rentrons, ma Niéce. (*A Drinx*), Vous allez voir s'il est arrivé.

DRINK

Bon Madame il ferait accouru...

SCENE VI.

DRINK, *seul.*

S'Il me paye pour mentir, il faut avouer que je m'en acquitte loyalement; mais ça me fait de la peine... C'est un ange que cette fille-là. Quelle douceur ? Elle apprivoiserait des tigres. Oui, il faut être pire qu'un tigre, pour avoir pu tromper une femme aussi parfaite, & l'abandonner après. Mon Maître, oui je le répête, mon Maître, quoique moins âgé, est cent fois plus scélérat que moi.

SCENE VII.

Le Comte de CLARENDON, DRINK.

LE COMTE, *lui frappant sur l'épaule.*

Courage, Mons Drink.

DRINK, *étonné*

Qui diantre vous savait là, Milord ? On vous croit à Windsor.

LE COMTE

Vous disiez donc que le plus scélérat de nous deux, ce n'est pas vous.

DRINK, *d'un ton un peu résolu.*

Ma foi, Milord, puisque vous l'avez entendu...

LE COMTE

Ce lieu est sûr apparemment ?

DRINK

Il n'y a personne. La Niéce est chez la Tante, le bonhomme de pere est sorti.

LE COMTE, *surpris.*

Le pere est avec elles ?

DRINK

Sans lui & sans un vieux procès qu'on a déterré, je ne sais où, aurait-on trouvé un prétexte à ce voyage ?

LE COMTE

Surcroît d'embarras ! Et elles sont ici ?

DRINK

D'hier au soir.

LE COMTE

Que dit on de mon absence ?

DRINK

Medamoiselle a beaucoup pleuré.

LE COMTE

Ah ! je suis affligé qu'elle. Mais n'a-t'il rien percé du projet du Mariage ?

DRINK

Oh ! le diable gagne trop à vos desseins pour y nuire.

LE COMTE, *avec humeur.*

Je crois que le maraut s'ingère....

DRINK

Parlons, Milord, sans vous fâcher. Voilà une fille de condition qui croit être votre femme.

LE COMTE

Et qui ne l'est pas, veux-tu dire ?

DRINK

Et qui ne peut tarder à être instruite que vous en épousez une autre. Quand je pense à ce dernier trait, après le diabolique artifice qui l'a fait tomber dans nos griffes. . . Un Contrat supposé : des Régîtres contrefaits : un Ministre de votre façon... Dieu sait... Tous les rôles distribués à chacun de nous, & joués... Quand je me rappelle la confiance de cette Tante, la piété de la Nièce pendant la ridicule cérémonie, & dans votre Chapelle encore.... Non, je crois aussi fermement qu'il n'y auroit jamais pour vous, ni pour votre Intendant qui fit le Ministre, ni pour nous qui servîmes de témoins...

LE COMTE, *fait un geste furieux qui coupe la parole à Drink, & après une petite pause dit froidement.*

Monsieur Drink, vous êtes le plus sot coquin que je connoisse. (*Il tire sa bourse & la lui donne.*) Vous n'êtes plus à moi ; sortez : mais si la moindre indiscrétion...

DRINK

Est-ce que j'ai jamais manqué à Milord ?

LE COMTE

Je déteste les valets raisonneurs, & je me défie sur-tout des frippons scrupuleux.

DRINK

Eh bien, je ne dirai plus un seul mot : usez de moi comme il vous plaira. Mais pour la Demoiselle, en vérité c'est dommage.

LE COMTE

Vous faites l'homme de bien ; à la vûe de l'or, votre conscience s'appaise... Je ne suis pas votre dupe.

DRINK

Si vous le croyez, mon Maître, voilà la bourse.

LE COMTE, *refusant de la prendre.*

Cela suffit : mais qu'il ne vous arrive jamais... Approchez Puisqu'on ne sait rien de ce fatal Mariage...

DRINK

Fatal ! qui vous force à le conclure ?

LE COMTE

Le Roi qui a parlé, mon Oncle qui presse : des avantages qu'on ne rencontre pas deux fois en la vie. (*A part.*) Et plus que tout, la honte que j'aurais de dévoiler mon odieuse conduite.

DRINK

Mais comment cacher ici ?...

LE COMTE, *rêvant.*

Oh ! je... Quand une fois je serai marié... Et puis, elles ne verront personne... Cette Maison, quoiqu'assez près de mon Hôtel, est dans un quartier perdu... Je ferai en sorte qu'elles repartent bien-tôt. Vas toujours m'annoncer : cette visite préviendra les soupçons...

DRINK, *se retournant*

Les soupçons ! Qui diable oserait seulement penser ce que nous exécutons nous autres !

LE COMTE

Il a raison (*Il le rappelle*) Ecoutes écoutes.

DRINK

Milord ?

LE COMTE, *à lui-même en se promenant.*

Je crois que la tête a tourné en même tems à tout le monde. (*A Drink.*) Ont-elles déjà reçu des lettres ?

DRINK

Pas encore.

LE COMTE, *à lui-même en se promenant.*

C'est mon Intendant... Parce qu'il est prêt à rendre l'ame... Il me mande... Il me fait une frayeur avec ses remords... Le malheureux ! Après m'avoir lui-même jetté dans tout cet embarras... Je crains qu'avant de mourir il ne me joue le tour d'écrire ici la vérité. (*A Drink.*) Tu iras toi-même à la Poste.

DRINK

Oui, Milord.

LE COMTE.

Prends y garde au moins. Il ne faudrait qu'une Lettre comme celle que j'en reçois. Tu connois son écriture.

DRINK

J'entends. Tout ce qui viendra de là...

LE COMTE

Fort bien. Vas m'annoncer.

(*Drink sort par la porte qui monte chez Madame Murer.*)

SCENE VIII.

LE COMTE, *seul se promenant avec inquiétude.*

Que je suis loin de l'air tranquille que j'affecte !... Elle croit être ma femme... Elle m'écrit... Sa Lettre me poursuit... Elle espére qu'un fils me rendra bien-tôt notre union plus chere... Elle anime les souffrances de son nouvel état... Miserable ambition !... Je l'adore, & j'en épouse une autre... Elle arrive, & l'on me marie... Mon oncle... Oh ! s'il savoit... Peut-être... Non il me déshériteroit... (*Il se jette sur un fauteuil.*) Que de peines ! d'intrigues !.. Si l'on calculait bien ce qu'il en coute pour être méchant... (*Se levant brusquement.*) Les réflexions de cet homme m'ont troublé... Comme si je n'avais pas assez du cri de ma conscience, sans être encore assailli des remords de mes valets... Ah ! je ne pourrai jamais soutenir sa vûe. L'ascendant de sa vertu m'écrase... La voici Qu'elle est belle !

SCENE IX.

Madame MURER, EUGÉNIE, le COMTE.

EUGÉNIE, *en courant arrive la premiere : puis elle s'arrête tout-à-coup en rougissant.*

LE COMTE, *s'avançant vers elle, & lui prenant la main avec quelque embarras.*

Un mouvement plus naturel vous faisait précipiter vos pas, Eugénie. Aurais-je eu le malheur de mériter !... (*A Madame Murer qui entre, en la saluant.*) Ah ! Madame, pardon : vous me voyez confus de m'être laissé prévenir.

Madame MURER.

Vous vous moquez, Milord. Est-ce dans une maison à vous qu'il convient des façons ?

LE COMTE, *prenant la main d'Eugénie.*

Que j'ai souffert, ma chere Eugénie, de la dure nécessité de m'éloigner au moment de votre arrivée. J'aurais désobéi à mon Oncle, au Roi même, si l'intérêt de notre union...

EUGÉNIE, *soupirant.*

Ah ! Milord !

Madame URER.

Elle s'afflige.

LE COMTE, *vivement.*

Ah de quoi ? Vous m'effrayez ! Parlez, je vous prie.

EUGÉNIE

Rappellez-vous, Milord, l'extrême répugnance que j'eus à recevoir votre main à l'insçu de nos parens.

LE COMTE

J'en ai trop soupiré pour l'oublier jamais.

EUGÉNIE, *avec douleur.*

Votre présence me soutenait contre mes réflexions ; mais bien-tôt des souvenirs cruels m'assaillirent en foule... Les derniers conseils d'une mere mourante... La faute que je commettais contre mon pere absent... L'air de mystère qui accompagne l'auguste cérémonie dans votre Château...

Madame MURER

N'étoit-il pas indispensable ?

EUGÉNIE

Votre départ : nécessaire pour vous, mais douloureux pour moi... (*baissant la voix.*) Mon état....

LE COMTE, *lui baise la main.*

Votre état Eugénie ! Ce qui met le sceau à mon bonheur peut-il vous affliger (*à part.*) Infortunée !

EUGÉNIE, *tendrement.*

Ah qu'il me serait cher ! s'il ne m'exposait pas...

LE COMTE

Je me croirai bien malheureux, si ma présence n'a pas la force de dissiper ces nuages. Mais qu'exigez-vous de moi ? Ordonnez.

EUGÉNIE

Puisqu'il m'est permis de demander, je désire que vous employez auprès de mon pere cet art de persuader, ah ! que vous possédez si parfaitement.

LE COMTE

Ma chere Eugénie !

EUGENIE

Je souhaiterais que nous nous occupassions tous à le tirer d'une ignorance qui ne peut durer plus long-tems sans crime & sans danger pour moi.

Madame MURER

Le comte seul peut décider la question.

LE COMTE, *avec timidité.*

Je suivrai vos volontés en tout. Mais à Londres ?... Si près de mon oncle ?... S'exposer... Cette colère si redoutable de votre pere... Je pensais que l'on pourrait remettre cet aveu délicat à notre retour au pays des Galles.

EUGÉNIE, *vivement.*

Où vous viendrez ?

LE COMTE

J'espérais vous y rejoindre avant peu.

EUGÉNIE, *tendrement.*

Que ne l'écriviez-vous ; Un seul mot de ce dessein nous eût empêché de venir à Londres.

LE COMTE.

Quand vous n'auriez pas ſuivi d'auſſi près la nouvelle que j'ai reçue de votre réſolution, *je* me ſerois bien gardé d'y rien changer. Mon empreſſément égaloit le vôtre. (*D'un ton très affectueux.*) Aurais-je voulu ſuſpendre un voyage qui a mille attraits pour moi ?

Madame MURER.

Il eſt charmant !

EUGENIE, *baiſſant les yeux.*

Je n'ai plus qu'une plainte à faire : me la pardonnerez-vous Milord ?

LE COMTE.

Ne me cachez rien, je vous en conjure.

EUGENIE, *avec embarras.*

Un cœur ſenſible s'inquiéte de tout. Il m'a ſemblé voir dans vos lettres, une eſpéce d'affectation à éviter de m'honorer du nom de votre femme. J'ai craint...

LE COMTE, *un peu décontenence.*

Ainſi donc on me réduit à *j*uſtifier ma délicateſſe même. Vos ſoupçons m'y contraignent ; *j*e le ferai. (*Prenant* un *ton plus raſſuré.*) Tant que je fus votre amant, Eugénie, *je* brûlai d'acquérir le titre précieux d'époux ; marié, j'ai cru devoir en publier les droits, & ne *j*amais faire parler que ceux de l'amour. Mon but, en vous épouſant, fut d'unir la douce ſécurité de plaiſirs honnêtes, aux charmes d'une paſſion vive & toujours nouvelle. Je diſois ! quel lien que celui qui nous fait un devoir du bonheur !... Vous pleurez Eugénie !

EUGENIE, *lui tendant les bras & le regardant avec paſſion.*

Ah ! laiſſe les couler.... La douceur de celle-ci efface l'amertume des autres. Ah mon cher epoux ! la joie a donc auſſi ſes larmes !

LE COMTE, *troublé.*

Eugénie !... (*A part.*) Dans quel trouble elle me *j*ette !

Madame MURER.

Eh bien, ma Niéce ?

EUGENIE, *avec joie.*

Je n'en croirai plus mon cœur ; il fut trop timide.

LE BARON, *dehors ſans être apperçu.*

Pas un ſcheling avec.

Madame MURER.

Reconnoiſſez mon frere au bruit qu'il fait en rentrant.

LE COMTE, *à part.*

Il faut avoir une ame féroce pour réſiſter à tant de charmes.

SCENE X.

LE BARON, le COMTE, Madame MURER, EUGE'NIE.

LE BARON, *en entrant crie dehors.*

REnvoyez-le, vous dis-*je*. (*A lui-même en avançant.*) L'indigne séjour ! la sotte ville ! & sur-tout l'impertinent usage d'aller voir des gens qu'on sait absens !

Madame MURER

Toujours emporté !

LE BARON

Eh bien ! eh bien, ma sœur ! ce n'est pas vous que cela regarde.

Madame MURER

Je le crois, Monsieur ; mais que doit penser de vous Milord Clarendon ?

LE BARON, *saluant.*

Ah ! pardon, Milord.

Madame MURER

Il vient ici vous offrir ses bons offices auprès de vos Juges...

LE BARON, *au Comte.*

Excusez : l'on vous dira que j'ai passé à votre Hôtel.

LE COMTE

Je suis fâché, Monsieur...

LE BARON, *se tournant vers sa fille.*

Bon jour, mon Eugénie.

LE COMTE, *à lui-même se rapellant la derniere phrase d'Eugénie.*

La joie à donc aussi ses larmes !

LE BARON, *au Comte.*

Comment la trouvez-vous, Milord ? Mais vous vous connaissiez déjà, son frere & elle, voilà tout ce qui me reste... Elle était gaie autrefois : les filles deviennent précieuses en grandissant. Ah ! quand elle sera mariée !... A propos de mariage, j'allais oublier de vous faire un compliment...

LE COMTE, *interrompant.*

A moi, Monsieur ? Je n'en veux recevoir que sur le bonheur que j'ai en ce moment de présenter mes respects à ces Dames.

LE BARON

Eh ! non, non : c'est sur votre mariage.

Madame MURER, *vivement.*

Son Mariage !

EUGÉNIE, *à part avec frayeur.*

Ah Ciel !

LE COMTE, *d'un air contraint.*

Vous voulez rire.

LE BARON

Ma foi je ne l'ai pas deviné. Votre Suiſſe a dit que vous étiez à la Cour pour un mariage...

LE COMTE, *interrompant.*

Ah, ah !... Oui : C'eſt... c'eſt un de mes parens. Vous ſavez que, pour peu qu'on tienne à quelqu'un, on va pour la ſignature...

LE BARON

Non, il dit que cela vous regarde.

LE COMTE, *embarraſſé.*

Diſcours de valets... Il eſt bien vrai que mon oncle, ayant eu deſſein de m'établir, m'a propoſé depuis peu une fille de qualité fort riche ; (*Regardant Eugénie.*) mais je lui ai montré tant de répugnance pour un engagement, qu'il a eu la bonté de ne pas inſiſter. Cela s'eſt ſu, & peut-être trop répandu. Voilà l'origine d'un bruit qui n'a & n'aura jamais de fondement réel.

LE BARON

Pardon, au moins. Je ne l'ai pas dit pour vous fâcher. Un joli homme comme vous, court des belles...

Madame MURER

Mon frere va s'égayer. Trouvez bon, Meſſieurs que nous nous retirions.

LE COMME, *ſaluant.*

Ce ſera moi, ſi vous le voulez bien. J'ai quelques affaires preſſées... Je vous demande la permiſſion, Meſdames, de vous voir le plus ſouvent...

Madame MURER

Jamais auſſi ſouvent que nous le deſirons ; Milord. (*Le Comte ſort, le Baron l'accompagne : ils ſe font des politeſſes.*)

SCENE XI.

Madame MURER, EUGÉNIE.

Madame MURER

AVec quelle adreſſe & quelle honnêteté pour vous il vient de s'expliquer !

EUGENIE, *honteuſe d'un mouvement de frayeur, ſe jette dans les bras de ſa tante.*

Grondez donc votre folle de Niéce... A un certain mot de mon pere, n'ai je pas éprouvé un ſerrement de cœur affreux !... Il m'avait caché ces bruits dans la crainte de m'affliger... Comme il m'a regardée en répondant ... Ah ma Tante, que je l'aime !

Madame MURER, *l'embrasse.*

Ma Niéce, vous êtes la plus heureuse des femmes. (*Elle vont chez le Baron par la porte d'entrée.*)

Fin du premier Acte.

ACTE II.

SCENE PREMIERE.

DRINK, *seul un paquet de Lettres à la main. Il se retourne en entrant, & crie au Facteur qui s'en va.*

A Moi seul, entendez-vous ? [*Il avance dans le sallon.*] Un homme averti, en vaux, dit-on. Voyons ce que le Facteur vient de me remettre. Il faut servir un Maître qui rosse aussi fort qu'il recompense bien. [*Il lit une adresse.*] Hem, m, m, à Monsieur, Monsieur le Baron Hartley. Voilà pour le pere. Quelque sanglier forcé, quelque chien éreinté, *&c. &c.* [*Il en lit une autre.*] Hem, m, m.... Armée d'Irlande : c'est du fils. Ceci doit encore passer ; l'ordre ne porte pas d'arrêter les paquebots. (*Il en regarde une troisieme.*) Hem, m, m, Lancastre : voici qui paroît suspect. (*Il lit*) A Madame Murer près du parc S. James..... Pour la tante... c'est l'ecriture de M. Williams, notre Marieur, l'Intendant de Milord... main-basse sur celle-ci. Peste.. La jeune personne eût appris.. A propos il se meurt, dit mon Maître. Voyons un peu ce qu'il écrit : puisque je ne dois pas la remettre, je puis bien la lire. Il n'y a pas plus de mal à l'un qu'à l'autre, & l'on apprend quelquefois... (*Il hésite un peu, & enfin rompant le cachet, il lit.*) » Madame, je touche au moment terrible, où je vais rendre » compte de toutes les actions de ma vie. » (*Il parle.*) Un Intendant !... le compte sera long. (*Il lit*) » Les remords me pressent, & je veux réparer autant qu'il est en » moi, par cet avis tardif, le crime dont je me suis rendu » coupable, en portant le jeune Lord, Comte de Clarendon, à tromper votre malheureuse niéce par un mariage simulé. » (*Il parle.*) Mon Maître s'était douté de cette Lettre : c'est un vrai Démon pour les précautions.

SCENE II.

LE COMTE, DRINK.

LE COMTE, *arrivant par le jardin avec précaution.*

Est-ce toi, Drink ?

DRINK

Milord ?

LE COMTE

Un mot, & je m'enfuis.

DRINK

Je vous écoute.

LE COMTE

J'avois oublié... J'étais si troublé en sortant... Mon mariage qui se fait demain, est dans la bouche de tout le monde : on ne parle d'autre chose... Il faut empêcher qu'aucune visite, aujourd'hui sur-tout, ne vienne souffler le vent de la discorde.

DRINK

Elles ne connoissent personne à Londres.

LE COMTE

Je sçais que le pere est fort l'ami d'un certain Capitaine Cowerly, qui ne manque jamais le lever de mon oncle : brave homme ; mais dont le défaut est d'apprendre le soir à toute la Ville les secrets qu'on lui a dit à l'oreille le matin dans les maisons.

DRINK

Quelle figure est-ce ?

LE COMTE

Tu ne connois que lui. Du tems de la petite, il a soupé dix fois dans ce sallon.

DRINK

Quoi ? ce bavard qui vous a brouillé depuis avec Laure ; en lui rapportant que Lady Alton avait passé un jour entier ici ?

LE COMTE

Où diable vas-tu chercher Lady Alton ?

DRINK

Ah, vraiment non ; c'est plus nouveau que cela. C'était donc une des deux Aufalsen ? Ma foi je confonds les époques, il en est tant venu.

LE COMTE

Eh, non. C'est celui qui a marié cette fille soi-disant d'honneur de la Reine, à ce benet d'Harlington, quand je la quittai.

DRINK

Ah ! j'y suis, j'y suis.

LE COMTE

S'il se présentoit...

DRINK

Laissez-moi faire. Il en sera de lui comme du Facteur, dont j'ai fort à propos barré le chemin.

LE COMTE

Je te l'avais recommandé.

DRINK

C'est ce que je disais. Mon Maître n'oublie rien.

LE COMTE

Eh bien !

DRINK, *s'approchant d'un air de confiance.*

J'ai détourné une furieuse Lettre de ce Williams pour la tante.

LE COMTE, *lui coupant la parole.*

Paix. C'est Eugénie.

SCENE III.

EUGENIE, LE COMTE, DRINK.

EUGENIE, *faisant un cri de surprise.*

AH, Milord !

LE COMTE, *à Drink.*

Je ne puis l'éviter. Laisse-nous.

SCENE IV.

EUGÉNIE, LE COMTE.

EUGENIE, *avec joie.*

APprenez la plus agréable nouvelle...

LE COMTE

Si elle intéresse mon Eugénie...

EUGÉNIE

Mon pere est enchanté de vous. Ah, j'en étais bien sûre ! Il faisait votre éloge à l'instant. Je me ferais mise de bon cœur à ses pieds pour le remercier. Il me rendait fiére de mon époux. Je me suis sentie prête à lui tout avouer.

LE COMTE, *ému.*

Vous me faites trembler ! exposer tout ce que j'aime au brusque effet de son ressentiment !

EUGÉNIE, *vivement.*

Je sais qu'il est violent ; mais il est mon pere. Il est juste il est bon. Venez Milord, que notre profond respect se désarme. Entrons, ce moment sera le plus heureux...

LE COMTE, *embarrassé.*

Eugénie ! quoi, vous voulez ?... quoi, sans nulle précaution ?...

EUGÉNIE, *avec beaucoup de feu.*

Si jamais je te fus chere, c'est aujourd'hui qu'il faut me le prouver. Donnes-moi cette marque de ton amour. Viens, depuis trop long-tems les soupçons odieux outragent ta femme; les regards méchans la poursuivent. Fais cesser un si pénible état; déchire le voile qui l'expose à rougir. Tombons aux genoux de mon pere. Viens, il ne nous résistera pas.

LE COMTE, *à part.*

Quel embarras ! (*à Eugénie.*) souffrez au moins que je le revoie encore avant pour affermir ses bonnes dispositions.

EUGÉNIE, *lui prenant la main.*

Non : elles peuvent changer. La premiere impression est pour toi. Non je ne te quitterai plus.

SCENE V.

Madame MURER, EUGÉNIE, LE COMTE.

LE COMTE, *appercevant Madame Murer.*

AH, Madame ! venez m'aider à lui faire entendre raison.

Madame MURER

Le Comte ici ! J'aurais dû m'en douter à l'air d'empressement dont elle est sortie. Mais dequoi s'agit il ?

LE COMTE

Sur quelques mots en ma faveur échappés à son pere, sa belle ame s'est échauffée. Elle veut, elle exige que nous lui fassions à l'instant un aveu de notre union.

Madame MURER

Ah, Milord, gardez-vous en bien ! Mon avis au contraire est que vous vous retiriez promptement. S'il s'éveillait & vous trouvait ici, ce prompt retour lui feroit soupçonner...

LE COMTE, *cachant sa joie sous un air empressé.*

Tout serait perdu ! Je m'arrache d'auprès d'elle avec moins de chagrin, puisque c'est à sa sûreté que je fais ce sacrifice. (*Il sort.*)

SCENE VI.

Madame MURER, EUGÉNIE.

EUGÉNIE, *le regarde aller, & après un peu de silence dit douloureusement.*

IL s'en va.

Madame MURER

Mais vous avez donc tout-à-coup perdu l'esprit?

EUGÉNIE

Etre réduite à composer avec son devoir ; n'oser regarder son pere : voilà ma vie. Je suis confuse en sa présence ; sa bonté me pese, sa confiance me fait rougir, & ses caresses m'humilient. Il est si accablant de recevoir des éloges, & de sentir qu'on ne les mérite pas.

Madame MURER

Mais à Londres où le Comte a tant de ménagemens à garder... d'ailleur votre état ne rend pas encore cet aveu indispensable.

EUGÉNIE

N'est-il pas plus aisé de prévenir un mal, que d'en arrêter les progrès ! Le tems fuit, l'occasion échappe, les convenances diminuent ; l'embarras de parler augmente, & le malheur arrive.

Madame MURER

Votre époux est trop delicat pour vous exposer...

EUGÉNIE, *vivement.*

N'avez-vous pas trouvé, comme moi, un peu d'apprêt dans son air, de recherches dans son langage ? cela me frappe à présent que j'y réfléchis. Cette touchante simplicité qu'il avait à la campagne, était bien préférable.

Madame MURER

Dès qu'il s'éloigne, l'imagination travaille.

SCENE VII.

Madame MURER, EUGÉNIE, DRINK.

Madame MURER *à Drink qui tient un paquet.*

QU'est-ce que c'est ?

DRINK

Des Lettres que le Facteur vient d'apporter.

Madame MURER, *parcourrant les adresses*

D'Irlande : voici des nouvelles. (*Drink range le sallon, & écoute la conversation.*)

EUGÉNIE, *avec vivacité.*

De mon frere ?

Madame MURER

Non C'est une Lettre de son cousin, qui sert dans le même Corps. (*Elle lit tout bas*).

EUGÉNIE

Point de lettres de Sir Charles ! Il est bien étonnant !...

Madame MURER, *à Drink qui ouvre une malle.*

Laissez cela. Betsy serrera nos habits. (*Drink sort.*)

SCENE VIII.

Madame MURER, EUGENIE.

EUGÉNIE, *pendant que Madame Murer lit bas.*

SOn silence me surprend & m'afflige.

Madame MURER, *d'un ton composé.*

S'il vous afflige, Miss, la Lettre de Sir Henri ne me paraît pas propre à vous consoler. Votre frere n'a pas reçu nos dernieres : c'est un terrible état que le métier de la guerre !

EUGÉNIE, *troublée.*

Mon frere est mort !

Madame MURER

Ai-je dit un mot de çela ?

EUGÉNIE

Je n'ai pas une goutte de sang.

Madame MURER

Puisque votre effroi va au-devant de mes précaution, lisez vous-même.

EUGÉNIE, *lit en tremblant.*

» Mon cousin grièvement insulté par son Colonel, l'a » forcé de se battre & la désarmé. Son ennemi vient de le » dénoncer ; ce qui a obligé Sir Charles à prendre secrette- » ment la route de Londres. Mais le Colonel le suit, pour » l'accuser chez le Ministre ». Ah, mon frere !

SCENE IX.

LE BARON, Madame MURER, EUGENIE.

LE BARON

EH bien, parce que je m'endors un momnent en jasant avec vous...

EUGENIE, *troublée.*

Mon frere s'est battu.

LE BARON

D'où savez-vous cela ?

EUGENIE

C'est ce que mande Sir Henri.

Madame MURER, *avec importance.*

Et il a désarmé son homme; si ce n'était pas son Colonel.

LE BARON

Son Colonel tout comme un autre.

EUGENIE

Mon pere, ma tante, occupons-nous tous des moyens de le sauver.

Madame MURER

Où le prendre ?

EUGENIE

Mon cousin dit qu'il est à Londres.

Madame MURER

Mais il ne sait pas que nous y sommes.

EUGENIE, *baissant les yeux.*

Milord Clarendon ne pourrait-il pas ?...

Madame MURRE, *d'un air dédaigneux.*

Le cher Lord ! Ah, oui. Si Monsieur lui fait la grace d'accepter ses services.

LE BARON, *lui rendant son air.*

Ma foi, ce serait ma derniere ressource. Donnes-moi la lettre, Eugénie. (*Il lit tous bas*) Diable ! (*Il lit tous haut.*) » Quand il ne le réussirait pas à le perdre, avertissez Sir » Charles d'être toujours sur ses gardes, le Colonel a la » réputation de se défaire des gens par toutes sortes de » voies »... Bon ; cela ne peut pas être ; un Officier...

Madame MURER

Cet événément me ramene à ce que je vous disais tantôt, Monsieur, si, au lieu de dest ner votre fille à un vieux Militaire sans fortune, vous trouviez bon que l'on eût pour elle des vues plus relevées. Les protections aujourd'hui...

LE BARON

Nous y voilà encore. Ma sœur, une bonne fois pour toutes, afin de n'y jamais revenir. Vous aimez les Lords, les gens du haut parage, & moi je les déteste. Ma fille m'est trop chere pour la sacrifier à votre vanité, & la rendre malheureuse.

Madame MURER

Et pourquoi malheureuse ?

LE BARON

Est-ce que je ne connais pas vos petits grands Seigueurs ? Voyez-les dans les unions mêmes les plus égales pour la fortune. Une fille est mariée aujourd hui, trahie demain, abandonnée dans quatre jours; l'infidélité, l'oubli, la galanterie ouverte, les excès les plus condamnables ne sont qu'un jeu pour eux. Bien-tôt le désordre de la conduite entraîne celui des affaires ; les fortunes se dissipent, les terres s'engagent, se vendent ; encore la perte des biens est-elle souvent le moindre des maux qu'ils font partager à leurs malheureuses

compagnes

Madame MURER

Mais quel rapport ce tableau, faux ou vrai, a-t-il à l'objet que nous traitons? Vous faites le procès à la jeunesse, & nullement à la qualité : c'est dans cet état au contraire que les hommes ont le plus de ressources. S'ils se sont dérangés un jour ils deviennent sages, & alors les graces de la Cour...

LE BARON

Arrivent tout à point pour réparer leurs sottises ; n'est-ce pas? Peut-on solliciter des récompenses, quand on n'a rien fait pour son pays? Et quand le principe des demandes est aussi honteux, n'est-il pas absurde de faire fond d'avance sur des graces qui peuvent être mille fois mieux appliquées? Mais je veux encore que son importunité les arrache ; eh bien, je lui préférerai toujours un brave Officier qui les aura méritées sans les obtenir ; & cet homme ; c'est Corwerli. S'il ne tient rien des faveurs de la Cour, il a l'estime de toute l'armée ; l'un vaut bien l'autre, je crois.

Madame MURER

Mais, Monsieur....

LE BARON, *impatient.*

Mais, Madame, si vous êtes éprise à ce point de vos Lords, que n'en épousez-vous quelqu'un vous-même?

Madame MURER, *fièrement.*

Vous mériteriez que je le fisse, & que je transportasse tous mes biens dans une famille étrangere.

LE BARON, *la saluant.*

A votre aise, ma Sœur. Pour mes enfans moins de fortune, moins d'extravagance, moins d'occasion de sottises.

EUGENIE, *à part.*

Toujours en querelle, que je suis malheureuse!

SCENE X.

ROBERT, le BARON, Madame MURER, EUGÉNIE.

ROBERT

LE Capitaine Corwerly demande à vous voir.

LE BARON

Il ne pouvoit arriver plus à propos. Qu'il entre.

SCENE XI.

Le BARON, Madame MURER, EUGENIE.

Madame MURER

UN moment, s'il vous plaît, que nous soyions parties. Je vous l'ai dit, c'est un homme que je ne puis souffrir.

LE BARON

Mais quelle politesse avez-vous donc vous autres ? Un de nos amis communs, & qui va nous appartenir.

SCENE XII.

LE CAPITAINE, COWERLY, LE BARON, Madame MURER, EUGENIE.

LE CAPITAINE, *d'un ton bruyant.*

BOnjour, mon très-cher.

LE BARON

Bonjour, capitaine. Nous jouons aux barres.

LE CAPITAINE

En rentrant chez moi, j'ai trouvé ce billet que vous y avez laissé. Mais en honneur, je m'en retournais sans vous voir.

LE BARON

Et pourquoi ?

LE CAPITAINE

Un de vos gens; le plus obstiné valet, (*je ne sais où je l'ai vu*) prétendoit qu'il n'y avoit personne au logis.

LE BARON

Je n'ai point donné d'ordre... Ma sœur ?

Madame MURER, *séchement.*

Ni moi. A peine arrivés, nous n'attendions aucune visite.

LE CAPITAINE

En ce cas, Baron, j'aurai doublement à me féliciter d'avoir forcé la porte; si je puis vous être utile, & si ces Dames veulent bien agréer mes hommages.

LE BARON

Capitaine, c'est ma Sœur, & voici bientôt la tienne.

[*Montrant sa fille.*]

LE CAPITAINE, *à Eugénie.*

J'envie, Mademoiselle, le sort de mon frere; en vous voyant, on n'est plus étonné des précautions qu'il a prises pour assurer son bonheur.

Madame MURER *d'un air distrait.*

Comme dit fort bien, Monsieur; les précautions sont toujours utiles en affaires : chacun prend les siennes.

LE CAPITAINE *cherchant des yeux.*

Mais où donc est-il !

LE BARON

Qui ?

LE CAPITAINE

Votre fils.

LE BARON

Mon fils ? Qui le sait ?

Madame MURER

A quoi tend cette question, Monsieur ?

LE CAPITAINE

N'est-ce pas son affaire qui vous attire tous à Londres ?

LE BARON

Pas un mot de cela : un maudit procès dont je ne sais autre chose sinon que j'ai raison.... Mais connoîtrais-tu déjà l'aventure de mon fils ?

LE CAPITAINE

C'est une misere, une vétille ; moins que rien.

LE BARON

Sans doute : il n'y a que la subordination.

Madame MURER *séchement.*

J'admire comment Monsieur a le don de tout deviner : nous en recevons la premiere nouvelle à l'instant.

LE CAPITAINE

Moi je l'ai vu, Madame.

EUGENIE

Mon frere ?

LE CAPITAINE

Oui, Mademoiselle.

LE BARON

Où ? Quand ? Comment ?

LE CAPITAINE

Au Parc, avant-hier sur la brune. Sir Charles est ici secrétement depuis cinq jours ; il ne sort que le soir, parce qu'il s'est battu contre son Colonel : il se fait appeller le Chevalier Campley. N'est-ce pas cela ?

Madame MURER

Nous n'en savons pas tant.

EUGENIE

Où pourrons-nous le trouver, Monsieur ?

LE BARON

En quel lieu loge-t-il ?

LE CAPITAINE

Ma foi, je n'en sais rien ; mais je lui ai fait promettre de me venir voir. J'arrangerai son affaire : j'ai quelque crédit, comme que vous savez.

Madame MURER *dédaigneusement.*

La seule chose dont nous ayons besoin, est justement celle que Monsieur ignore.

LE CAPITAINE

Mais Madame, je n'ai pas pu le prendre à la gorge pour lui faire déclarer sa demeure; & en lisant tout-à-l'heure le billet du Baron, je croyois de bonne foi le rencontrer ici.

Madame MURER

Cela est d'autant plus malheureux, que dans le besoin où il est d'un protecteur, nous en avons un qui peut beaucoup auprès du Ministre.

LE CAPITAINE

Oh! ce pays ci est tout plein de gens qui font profession de pouvoir plus qu'ils ne peuvent réellement. Quel est-il? Je vous dirai bientôt....

Madame MURER, *dédaigneusement.*

Ce n'est que le comte de Clarendon.

LE CAPITAINE

Le neveu de Milord Duc?

Madame MURER

Pas davantage.

LE CAPITAINE

Je le crois. Son oncle l'idolâtre: il est fort de mes amis. Je me charge, si vous voulez...

Madame MURER *d'un air vain.*

Il me fait aussi l'honneur d'être un peu des miens.

LE BARON

C'est lui qui nous loge.

LE CAPITAINE.

Vous avez raison. Je regardois en entrant... Mais ce valet a détourné mon attention.... Eh parbleu! c'est un homme à lui. Je disais bien... Je reconnois tout ceci. Nous avons fait quelquefois de jolis soupers dans ce Sallon: c'est, comme il l'appelle à la française, sa petite maison.

Madame MURER *fièrement.*

Petite maison, Monsieur?

LE BARON

Eh petite ou grande! faut-il disputer sur un mot? Il suffit qu'il nous la prête... Il étoit ici, il n'y a pas une heure.

LE CAPITAINE

Aujourd'hui? Je l'aurois parié à Windsor.

LE BARON

Il en arrivait.

LE CAPITAINE

C'est ma foi vrai. J'oubliais que le mariage se fait à Londres.

Madame MURER & EUGÉNIE, *en même-tems,*

Le mariage.

LE CAPITAINE

Oui, demain. Mais vous m'étonnez: il n'est pas possible que vous l'ignoriez, si vous l'avez vu réellement aujourd'hui.

LE BARON

Je le savais bien moi.

Madame MURER *dédaigneusement.*

Hum.... C'est comme la petite maison. Que voulez-vous dire ? Quel mariage ?

LE CAPITAINE

Le plus grand mariage d'Angleterre : la fille du Comte de Winchester : un Gouvernement que le Roi donne au jeune Lord en présent de nôces. Mais c'est une chose publique & que tout Londres sait.

EUGENIE, *à part.*

Dieux ! Où me cacher ?

Madame MURER

Je vais gager qu'il n'y a pas un mot de vrai à tout cela.

LE CAPITAINE

Quoi ! sérieusement ? Dès que Madame nie les faits, je n'ai plus rien à dire.

LE BARON

Il est vrai, Capitaine, qu'il s'en est beaucoup défendu tantôt.

LE CAPITAINE

Mais moi qui passe ma vie avec son oncle ; moi qu'on a consulté sur-tout ; ce sera comme il vous plaira, au reste. Ainsi donc les livrées faites, les carosses & les diamans achetés, l'hôtel meublé, les articles signés sont autant de chimères ?

EUGENIE, *à part.*

Ah Malheureuse !

LE BARON

Mais, ma sœur, cela me paraît assez positif : qu'avez-vous à répondre ?

Madame MURER

Que Monsieur a rêvé tout ce qu'il dit. Parce que je sais de très-bonne part, moi, que le Comte a d'autres engagemens.

LE CAPITAINE

Ah ! oui. Quelque illustre infortunée dont il aura ajouté la conquête à la liste nombreuse de ses bonnes fortunes. Nous connaissons l'homme. Je me souviens effectivement d'avoir entendu dire qu'un goût provincial l'avoit tenu quelque tems éloigné de la Capitale.

Madame MURER *dédaigneusement.*

Un goût provincial ?

LE BARON *riant.*

Quelque jeune innocente à qui il aura fait faire des découvertes, & dont il s'est amusé apparemment ?

LE CAPITAINE

Voilà tout.

LE BARON *d'un air content.*

C'est bon, c'est bon. Je ne suis pas fâché que de tems en tems une pauvre abandonnée serve d'exemple aux autres, &

tienne un peu ces Demoiselles en respect devant les suites de leurs petites passions. Et le pere & mere, moi, c'est cela qui me réjouit.

EUGENIE, *à part.*

Je ne puis plus soutenir le suplice où je suis.

LE CAPITAINE

Mademoiselle me paraît incommodée.

LE BARON

Ma fille ?...qu'as-tu donc, ma chere enfant.

EUGENIE *tremblante.*

Je ne me sens pas bien, mon pere.

Madame MURER

Je vous l'avais dit aussi, ma chere niéce; nous devions nous retirer. Venez, laissons ces Messieurs se raconter leurs merveilleuse anecdotes.

SCENE XIII.

LE BARON, CAPITAINE

LE BARON

PArdon, Capitaine.

LE CAPITAINE, *lui prenant la main.*

Adieu Baron, je prends bien de la part.....

LE BARON *le ramenant.*

Ah ça, mon fils, je te prie; comment dis-tu qu'il se fait appeller?

CAPITAINE

Le Chevalier de Campley.

LE BARON

Campley ? Si je n'écris pas ce nom là, je ne m'en souviendrai jamais, C'est que j'ai là une Lettre qui menace d'assassins... Il ne va que la nuit... seul... tout cela est inquiétant.

LE CAPITAINE

J'irai demain au soir au Parc, & si je le trouve, le lui sers moi-même d'escorte jusqu'ici.

LE BARON

A merveille (*Ils sortent par la porte du Vestibule*)

Fin du second Acte.

ACTE III.

SCENE PREMIERE.

BETSY, DRINK, ROBERT.

DRINK, *à Robert en disputant.*

ET moi je te prie de te mêler de tes affaires. Quand je refuse la porte à quelqu'un, es-tu fait pour l'annoncer?

ROBERT

Mais c'est que vous ignorez que le Capitaine Cowerly est l'intime ami de Monsieur.

DRINK, *plus haut en colère.*

L'intime ami du diable. Est-ce à toi d'entrer dans les raisons? Es-tu valet de chambre ici?

BETSY, *à genoux se retourne.*

Chut... Parlez plus bas. Ma maîtresse est chez elle; elle est incommodée. (*Elle prend des robes sous son bras, & va pour entrer chez Eugénie.*)

DRINK, *courant après*

Miss, Miss, n'avez-vous plus rien à prendre dans les malles? (*Il veut l'embrasser.*)

BETSY, *s'esquivant.*

Ah, sans doute... Non, vous pouvez les emporter. (*Elle entre chez Eugénie.*)

SCENE II.

DRINK, ROBERT.

DRINK, *revient prendre la malle.*

QUe cela t'arrive encore.

ROBERT

Voilà bien du bruit pour rien. (*Ils enlevent une malle, & sortent.*)

SCENE III.

EUGENIE, BELSY.

EUgénie sort de chez elle; marche lentement comme quelqu'un enseveli dans une rêverie profonde. Betsy qui la suit, lui donne un fauteuil ; elle s'assied en portant son mouchoir à ses yeux sans parler. Betsy la considere quelque tems ; fait le geste de la compassion, soupire, prend d'autres hardes & rentre dans la chambre de sa maîtresse.

SCENE IV.

EUGENIE, *assise d'un ton douloureux.*

J'Ai beau rêver, je ne puis percer l'obscurité qui m'environne. Quand je cherche à me rassurer, tout m'accable... Personne dans le sein de qui répandre ma douleur... (*Les valets viennent chercher la deuxieme malle, Eugénie reste en silence tant qu'ils sont dans le Sallon.*) Des valets à qui je n'ai plus même le droit de commander. Une seule démarche hasardée m'a mise à la merci de tout le monde... Oh ma mere ! c'est bien aujourd'hui que je dois vous pleurer ! (*Elle se lève vivement.*) C'est trop souffrir... Quand cet aveu me rendrait la plus malheureuse des femmes, je dirai tout à mon pere. L'état le plus funeste est moins pénible que mon agitation... Mais les craintes de ma tante... ses défenses... Tout aujourd'hui doit céder au respect filial. Ah malheureuse ! c'était alors qu'il fallait penser ainsi. Dieux ! le voici ! (*Elle tombe dans son siége.*)

SCENE V.

EUGENIE, LE BARON.

LE BARON

TU es ressortie, mon enfant ; ton état m'inquiéte.

EUGÉNIE, *à part.*

Que lui dirai-je ! (*Elle veut se lever son pere la fait rasseoir.*)

LE BARON, *avec bonte*

Tes yeux sont rouges : tu as pleuré. Ma sœur sçaura sans doute...

EUGÉNIE, *tremblante.*

Non, non, Monsieur ses bontés & les vôtres seront toujours présentes à ma mémoire.

LE BARON

Ta tante prétend que je t'ai affligée tantôt. Je badinais avec le Capitaine, & le tout pour la contrarier un moment ; car elle est engouée de ce Milord, qui franchement est bien le plus mauvais sujet... Dès qu'on en dit un mot, elle vous sauta faute aux yeux. Que nous importe qu'il se soit amusé d'une folle, & qu'il l'ait abandonnée? Ce n'est pas la centieme. On ferait peut-être mieux de ne pas rire de ces choses-là; mais lorsqu'elles n'intéressent personne, & que les détails en sont plaisans. C'est une drôle de femme avec son esprit. Au reste, si notre conversation t'a déplu, je t'en demande pardon, mon enfant.

EUGÉNIE, *à part*

Je suis hors de moi!

LE BARON *tirant un siege auprès d'elle, & la baisant avant de s'asseoir*

Viens mon Eugénie : baise-moi. Tu es sage, toi, honnête, douce : tu mérites toute ma tendresse.

EUGÉNIE *troublée se leve.*

Mon pere! ....

LE BARON, *attendri.*

Qu'as-tu, mon enfant? Tu ne m'aimes plus du tout.

EUGÉNIE *se laissant tomber à genoux.*

Ah! mon pere ...

LE BARON *étonné.*

Qu'avez-vous donc, Miss? Je ne vous reconnais plus.

EUGÉNIE, *tremblante.*

C'est moi ...

LE BARON, *vivement.*

Quoi! c'est moi.

EUGÉNIE *éperdue, se cachant le visage.*

Vous la voyez ...

LE BARON *brusquement.*

Vous m'impatientez. Qu'est-ce que je vois?

EUGÉNIE *morte de frayeur.*

C'est moi... Le Comte... Mon pere...

LE BARON, *avec violence.*

C'est moi... Le Comte... Mon pere... Achevez : parlerez-vous?

EUGÉNIE, *se cache la tête entre les genoux de son pere sans répondre.*

LE BARON

Seriez-vous cette malheureuse?

EUGÉNIE, *sentant que les soupçons vont trop loin, lui dit d'une voix étouffée par la crainte.*

Je suis mariée.

LE BARON *se lève & la repousse avec indignation.*

Mariée sans mon consentement! (*Eugenie tombe : un mouvement de tendresse fait courir le Baron à sa fille pour la relever.*)

SCENE VI.

Madame MURER, *accourant*, le BARON, EUGÉNIE.

Madame MURER

QUel vacarme ! quel cris ! A qui en avez-vous donc Monsieur ?

LE BARON, *relevait tendrement sa fille ; il la jette sur son fauteuil & reprend toute sa colere.*

Ma sœur, ma sœur, laissez-moi. Je vous ai confié l'éducation de ma fille : félicitez-vous : l'insolente Miss mariée à l'insçu de ses parens.

Madame MURER *froidement.*

Point du tout. Je le sais.

LE BARON *en colere.*

Comment, vous le sçavez !

Madame MURER *froidement.*

Oui, je le sais.

LE BARON

Et qui suis-je donc moi ?

Madame MURER, *froidement.*

Vous êtes un homme très-violent, & le plus déraisonnable gentilhomme d'Angleterre.

LE BARON, *étouffant de fureur.*

Eh mais.... Et mais, vous me feriez mourir avec votre sang froid & vos injures. On m'ose déclarer...

Madame MURER *fiérement.*

Voilà son tort. Je lui avais défendu : c'est par-là seulement qu'elle mérite tout l'effroi que vous lui causez.

EUGÉNIE, *pleurant.*

Ma tante, vous l'irritez encore. Suis je assez malheureuse !

Madame MURER, *fiérement.*

Laissez-moi parler, Milady.

LE BARON

Milady ?

Madame MURER

Oui, Milady; & c'est moi qui l'ai mariée de mon autorité privée au Lord Comte de Clarendon.

LE BARON, *outré.*

A ce Milord ?

Madame MURER

A lui-même.

LE BARON

Je devais bien me douter que votre misérable vanité...

Madame MURER, *s'échauffant.*

Quelles objections avez-vous à faire?

LE BARON

Contre lui? mille. Et une seule les renferme toutes: c'est un libertin déclaré.

Madame MURER

Vous en avez fait tantôt un éloge si magnifique.

LE BARON

Il est bien question de cela. Je louais son esprit, sa figure, un certain éclat, des avantages qui le distinguent; mais qui me l'auraient fait redouter plus qu'un autre, dès qu'il en abuse au mépris de ses mœurs & de sa réputation.

Madame MURER

Vous êtes toujours outré. Eh bien, il s'est autrefois permis des libertés qu'il est le premier à condamner aujourd'hui: car c'est un homme plein d'honneur.

LE BARON

Avec les hommes, & scélérat avec les femmes: voilà le mot. Mais votre sexe a toujours eu dans le cœur un sentiment secret de préférence pour les gens de ce caractere.

EUGENIE *toute en larmes.*

Ah mon pere! si vous le connaissiez mieux, vous regretteriez...

LE BARON

C'est toi qui pleurera de l'avoir méconnu... Une femme juger son séducteur!

Madame MURER

Mais moi?...

LE BARON

Vous?.... vous êtes mille fois....

Madame MURER

Point de mots, des choses.

LE BARON *avec feu.*

C'est un homme incapable de remords sur un genre de fautes dont la multiplicité seule fait ses délices; fomentant de gaieté de cœur dans la famille d'autrui des désordres qui feraient son désespoir dans la sienne: plein de mépris pour toutes les femmes, parmi lesquelles il cherche ses victimes, ou choisit les complices de ses déréglemens.

Madame MURER

Mais vous conviendrez que sa femme est au moins exceptée de ce mépris général; & plus vous reconnaissez de mérite à votre fille, plus elle est propre à le ramener.

LE BARON

Je vous remercie pour elle, ma sœur. Ainsi donc le bonheur que vous lui avez menagé, est d'être attachée au sort d'un homme sans mœurs; de partager les affections bannales de son mari avec vingt femmes méprisables. La voilà destinée, en attendant une réformation incertaine, à répandre des larmes dont il aura peut-être la bassesse de se faire un triomphe à ses yeux; la fille la plus modeste est devenue l'esclave d'un libertin dont le cœur corrompu regarde comme un ridicule la tendresse & la fidélité qu'il exige de sa femme. Je te croyais plus délicate, Eugenie.

EUGENIE *du ton du ressentiment que le respect réprime.*

En vérité, Monsieur, je me flatte que jamais le modele d'un portrait aussi vil n'aurait eté dangereux pour moi.

Madame MURER *avec impatience.*

Mais c'est que le Comte n'est point du tout l'homme que vous dépeignez. Peut-être a-t-il dans le feu de la premiere jeunesse un peu trop négligé de faire parler avantageusement de ses mœurs; mais...

LE BARON

Et quel garant a pu vous donner pour l'avenir celui qui jusqu'à présent a méprisé la censure publique sur le point le plus important ?

Madame MURER

Quel garant ? Tout ce qui inspire la confiance, cimente l'estime, & augmente la bonne opinion; la franchise de son caractere qui le rend supérieur au déguisement, même dans ce qui lui est contraire; la noblesse de ses procédés avec ses inférieurs; sa générosité pour ses domestiques, & la bonté de son cœur qui le porte à soulager tous les malheureux.

EUGENIE, *avec amour.*

Ce n'est pas un ennemi de la vertu, je vous l'assure, mon pere.

LE BARON

Voilà comme on érige tout en vertus dans ceux qu'on veut défendre. Il est humain, il est grand, généreux, obligeant: tout cela n'est il pas bien méritoire? Amenez-moi quelqu'un pour qui ces choses-là ne soient pas un plaisir? Et qu'en voulez-vous conclure ?

Madame MURER

Qu'un homme aussi noble, aussi bienfaisant pour tout le monde: ne peut pas devenir injuste & cruel uniquement pour l'objet de son amour.

LE BARON *adouci.*

Je le voudrais; mais....

EUGENIE

Ne lui faites pas, je vous prie, le tort d'en douter.

LE BARON *plus doucement.*

Mon enfant, l'ame d'un libertin est inexplicable; mais tu te flattes en vain d'un changement de conduite. Les pleisanteries du Capitaine sur sa derniere aventure n'avoient pas rapport à des tems antérieurs à son mariage avec toi.

Madame MURER

C'est où je vous attendais. Tout cet amer badinage a porté sur votre fille, dont l'union mystérieuse a donné jour à mille fausses conjectures; mais quand vous saurez qu'il adore....

LE BARON, *haussant les épaules.*

Il l'adore : c'est encore un de leurs termes, *adorer.* Toujours au-delà du vrai. Les honnêtes gens aiment leurs femmes ; ceux qui les trompent les adorent : mais les femmes veulent être adorées.

Madame MURER

Vous penserez différemment, lorsque vous apprendrez qu'un gage de la plus parfaite union....

LE BARON

Comment !

Madame MURER, *du ton de quelqu'un qui croit en dire assez.*

Lorsqu'avant peu ....

LE BARON, *à sa fille.*

Bon est-ce qu'elle dit vrai ?

EUGENIE, *fléchissant le genou.*

Ah, mon pere ! comblez par votre bénédiction le bonheur de votre fille.

LE BARON, *la relevant avec tendresse.*

Réellement ? Eh bien... eh bien... eh bien, mon enfant ; puisque c'est ainsi, j'approuve tout. [*A part.*] Aussi bien est-ce un mal sans remede.

EUGENIE

De quel poids mon cœur est soulagé.

Madame MURER, *avec joie.*

Milady, embrassez votre pere.

LE BARON, *baisant Eugénie.*

Laisse-là Milady : sois toujours mon Eugenie.

EUGÉNIE

[*Avec feu.*] Toute la vie, mon pere. (*Par exclamation.*) Ah Milord, quel jour heureux pour nous !

LE BARON, *du ton d'un homme que ce mot de Milord ramene à d'autres idées.*

Mais dites-moi donc un peu vous autres : puisqu'elle est la femme de ce Milord, que diable veulent-ils dire avec cet autre mariage ? Car aussi on n'y comprend rien.

Madame MURER

Il vous l'a dit tantôt. Discours de valets, bruits populaires.

EUGENIE

J'en ai été troublée malgré moi.

LE BARON

C'est que cela n'est pas net au moins.

Madame MURER

Drink est son homme de confiance : il n'y a qu'à l'interroger vous-même. [*Elle sonne*]

SCENE VII.

(*Cette Scène marche rapidement.*)

LE BARON, Madame MURER, DRINK, EUGENIE.

LE BARON

VOus avez raiſon ; je ſaurai bien-tôt... (*ſaiſiſſant Drink au collet.*) Viens ici fripon : dis-moi tout ce que tu ſais du mariage.

DRINK, *regarde autour de lui d'un air embarraſſé.*

Du mariage ? Eſt-ce qu'on auroit appris.... Oh maudit Intendant !...

LE BARON, *vivement.*

Cet Intendant ? Parleras-tu ?... Faut-il ? ...

DRINK, *effrayé.*

Non, non, Monſieur.... Il n'eſt pas beſoin que vous vous fâchiez pour cela. C'eſt le mariage que vous demandez ?

LE BARON

Oui.

DRINK

[*A part.*] Il faut mentir ici. [*Haut.*] Il eſt véritable le mariage.

LE BARON

Véritable ? Eh bien, ma ſœur ?

Madame MURER

Il vous ment.

DRINK

Je ne mens pas, Monſieur.

LE BARON, *avec violence.*

Tu ne mens pas, miſérable ?

DRINK, *à part.*

Allons, tout eſt découvert ; quelqu'autre lettre ſera venue.

LE BARON

Raconte-moi le fait : je veux l'entendre mot à mot de ta bouche.

DRINK

Monſieur.... puiſque vous le ſçavez auſſi bien que moi....

LE BARON

Traître ?

Madame MURER, *retenant le Baron.*

Mon frere !

LE BARON

Qu'il laiſſe ſon verbiage, & qu'il avoue.

DRINK, *cherchant & tirant une lettre de sa poche.*
Puisqu'il n'y a plus moyen de dissimuler... Voici une lettre de M. Willians, l'Intendant de Milord.

LE BARON, *lui arrachant la lettre.*
Pour qui?

DRINK
Elle est adressée à Madame.

Madame MURER
A moi? d'où me vient cette préférence? Et quel rapport cet Intendant...

DRINK, *surpris.*
Comment, quel rapport? C'est le même qui a fait le mariage...

Madame MURER, *prenant la lettre du Baron.*
D'honneur, si j'y entends quelque chose. Elle est décachetée.

LE BARON
Mais apprends moi comment il peut penser à se marier, étant l'époux de ma fille...

DRINK, *tout-à-fait troublé.*
Quoi, Monsieur! C'est du nouveau mariage que vous parlez!

LE BARON
Et duquel donc?

Madame MURER, *a lu.*
Ah! le scélérat! [*Elle porte les mains à son visage qu'elle couvre de la lettre chiffonnée.*)

LE BARON
Qu'est-ce que c'est?

DRINK
Me voilà perdu, je n'ai plus qu'à quitter l'Angleterre.
(*Il sort.*)

SCENE VIII.

LE BARON, Madame MURER EUGÉNIE.

Madame MURER, *avec horreur.*

IL nous a trompés indignement? ma niéce n'est pas sa femme.

EUGENIE, *les bras levés.*
Dieu tout puissant? (*Elle tombe dans un fauteuil.*)

Madame MURER
Son intendant a servi de Ministre, & toute la race infernale de complices.

LE BARON, *frappant du pied.*
Rage! fureur! ô femmes, qu'avez-vous fait!

Madame MURER, *effrayée.*

Mon frere, par pitié, suspendez vos reproches. Ne voyez vous pas l'état où elle est ?

EUGENIE, *se relevant.*

Non, ne l'arrêtez pas. Je n'ai plus rien à craindre que de vivre.... Mon pere, j'implore votre colere....

LE BARON, *hors de lui-même.*

Et tu l'as méritée... Sexe perfide ! Femme à jamais le trouble & le déshonneur des familles. Noyez-vous maintenant dans des larmes inutiles... Avez-vous cru vous soustraire à mon obéissance ? Avez-vous cru violer impunément le plus saint des devoirs ? Tu l'as osé ; toutes tes démarches se sont trouvées fausses ; tu as été séduite, trompée, déshonorée ; & le Ciel t'en punit par l'abandon de ton pere & sa malédiction.

EUGENIE, *s'élançant vers le Baron, & le retenant à bras le corps.*

Ah mon pere ! ayez pitié de mon désespoir ; révoquez l'épouvantable arrêt que vous venez de prononcer.

LE BARON, *attendri la repousse doucement.*

Otez-vous de mes yeux : vous m'avez rendu le plus misérable des hommes. (*Il sort.*)

SCENE IX.

Madame MURER, EUGENIE.

EUGÉNIE, *courant dans les bras de sa tante.*

Ah, Madame ! m'abandonnerez vous aussi ?

Madame MURER

Non, mon enfant ; écoutez-moi.

EUGÉNIE

Ah ! ma tante, venez, secondez-moi : courons nous jetter aux pieds de mon pere, implorons ses bontés & sortons tous d'une odieuse maison...

Madame MURER.

Ce n'est pas mon avis : il faut y rester au contraire, & écrire au comte que vous l'attendez ici ce soir.

EUGÉNIE, *avec horreur.*

Lui ! . . . moi ?... vous me faites frémir.

Madame MURER.

Il le faut. Il viendra, vous l'accablerez de reproches, j'y joindrai les miens ; il apprendra que votre pere veut implorer le secours des loix : la crainte ou le repentir peut le ramener...

EUGÉNIE, *outrée.*

Et je serais assez lâche après son indignité... Je devrais respecter

respecter un jour celui que je ne peux plus estimer. J'irais aux pieds des autels jurer la fidélité au parjure, la soumission à l'homme sans foi, & une tendresse éternelle au perfide qui ma sacrifiée. Plutôt mourir mille fois.

Madame MURER, *fermement.*

Prenez garde, Miss, qu'ici l'opprobre seroit le fruit du découragement.

EUGENIE, *au désespoir.*

L'opprobre ! m'en reste-t'il encore à redouter ! Dégradée par tant d'outrages, abandonnée de tout le monde, anéantie sous la malédiction de mon pere, en horreur à moi-même, je n'ai plus qu'à mourir. (*Elle rentre dans sa chambre.*)

SCENE X.

Madame MURER, *seule la regarde aller.*

ELle me quitte & n'écrit pas... (*Elle se promène*). Un pere en fureur qui ne connait plus rien ; une fille au désespoir qui n'écoute personne ; un amant scélérat qui comble la mesure.. Quelle horrible situation ! (*Elle réve un moment*). Vengeance, soutiens mon courage ! Je vais écrire moi-même au Comte : s'il vient... Traître tu payeras cher les peines que tu nous causes !

Fin du troisieme Acte.

ACTE IV.

SCENE PREMIERE.

Madame MURER, ROBERT *portant un bougeoir rallume les bougies qui ont été éteintes sur la table pendant l'Entr'acte : le Sallon est obscur.*

Madame MURER, *tient un billet, & en marchant se parle à elle-même.*

IL viendra. [*Au Laquais*]. Vous avez été bien long-tem ;

ROBERT.

Il n'était pas rentré : j'ai attendu. Et puis c'est un tapage dans l'hôtel, il se marie demain ; tout est sens-dessus-dessous: on ne savait où prendre de l'encre & du papier.

Madame MURER, *à part.*

Il viendra... Ecoutes, Robert, fais exactement ce que je vais t'ordonn er. Vas dans le jardin, tout auprès de la petite porte; tiens-toi là sans remuer ; & quand tu entendras le bruit d'une clef dans la serrure, viens vîte ici m'en donner avis.

ROBERT

Il doit donc entrer par-là ?

Madame MURER

Faites ce qu'on vous dit.

Robert sort par la porte du jardin.

SCENE II.

adame MURER *seule, se promenant & frappant du billet sur sa main.*

IL viendra... Je te tiens donc à mon tour fourbe insigne ! Le parti est violent... c'est le plus sûr... Il convient si bien au caractère du pere.. Je dois pourtant l'en prévenir. [*Elle regarde sa montre*]. J'ai le tems... Il est à consoler sa fille : il a jetté son feu maintenant... c'est comme je le veux... Il faut dompter ce homme pour le ramener. Le voici ! qu'il a l'air accablé ?

SCENE III.

LE BARON, Madame MURER

Madame MURER *d'un ton sombre.*

EH bien, Monsieur, êtes-vous satisfait ? Il s'en est peu fallu que votre fille ne soit morte de frayeur.

LE BARON, *s'assied sans rien dire près de la table, & s'appuye la tête sur les mains d'un air accablé.*

Madame MURER, *continuant.*

Des éclats ! de la fureur ! sans choix de personnes.

LE BARON, *sourdement.*

Ceux qui ont fait le mal le reprochent aux autres.

Madame MURER

Un homme livré à ses emportemens.

LE BARON, *désespéré.*

Vous abusez de mon état & de ma patience. Vous avez juré de me faire mourir de chagrin. Laissez-nous, gardez votre héritage, il est trop cher : aussi bien ma malheureuse fille n'en aura-t-elle peut-être bientôt plus besoin. [*Il se lève & se promène avec égarement.*]

Madame MURER

Vous n'avez jamais su prendre un parti.

LE BARON

Je l'ai pris mon parti.

Madame MURER

Quel est-il.

LE BARON, *marchant plus vite & gesticulant violemment.*

J'irai à la Cour... Oui, je vais y aller... Je tombe aux pieds du Roi : il ne me rejettera pas. (*Madame Murer hoche de la tête.*) Et pourquoi me rejetterait-il ? Il est pere... Je l'ai vu embrasser ses enfans.

Madame MURER

La belle idée ! Et que lui direz-vous ?

LE BARON, *s'arrêtant devant elle.*

Ce que je lui dirai ? Je lui dirai, Sire... Vous êtes pere, bon pere... Je le suis aussi ; mais j'ai le cœur déchiré sur mon fils & sur ma fille. Sire, vous êtes humain, bienfaisant... Quand un des vôtres fut en danger, nous pleurions tous de vos larmes ; vous ne serez pas insensible aux miennes. Mon fils s'est battu ; mais en homme d'honneur : il sert votre Majesté comme son bisaïeul qui fut emporté sous les yeux du feu Roi ; il sert comme mon pere qui fut tué en défendant la patrie dans les derniers troubles ; il sert comme je servois lorsque j'eus l'honneur d'être blessé en Allemagne... J'ouvrirai mon habit... il verra mon estomac... mes blessures. Il m'écoutera : & j'ajouterai. Un suborneur est venu en mon absence violer notre retraite & l'hospitalité ; il a déshonoré ma fille par un faux mariage. Je vous demande à genoux, Sire, grace pour mon fils & justice pour ma fille.

Madame MURER

Mais ce suborneur est un homme qualifié, puissant.

LE BARON, *vivement.*

S'il est qualifié, je suis gentilhomme... Enfin je suis un homme... Le Roi est juste ; à ses pieds toutes ces différences d'état ne sont rien ; ma sœur, il n'y a d'élévation que pour celui qui regarde d'en bas, au dessus tout est égal, & j'ai vu le Roi parler avec bonté au moindre de ses sujets comme au plus grand. [*Il va & vient.*]

Madame MURER, *d'un ton ferme.*

Croyez moi, Monsieur le Baron, nous suffirons à notre vengeance,

LE BARON, *n'a entendu que le dernier mot.*

Oui, vengeance... & qu'on le livre à toute la rigueur des loix.

Madame MURER, *très-ferme.*

Les loix ! la puissance & le crédit les étouffent souvent ; & puis c'est demain qu'il prétend se marier. Il faut le prévenir : incertitude ? lenteur ? est-ce ainsi qu'on se venge ? Eh la justice naturelle reprend ses droits par-tout où la justice civile ne peut étendre les siens. [*Après un peu de silence d'un ton plus bas.*] Enfin, mon frere, il est tems de vou dire mon secret : avant deux heures le Comte sera votr gendre, ou ou il est mort.

LE BARON

Comment cela !

Madame MURER, *s'approche de lui.*

Ecoutez-moi. J'ai envoyé à Milord Duc un détail très-étendu des atrocités de son neveu, sans néanmoins lui rien dire de mon projet ; ensuite votre fille n'a jamais voulu s'y prêter, mais j'ai écrit pour elle au scélérat, qu'elle l'attend ce soir.

LE BARON

Il ne viendra pas.

Madame MURER, *lui montrant le billet.*

Au coup de minuit... voici sa réponse. J'ai fait armer vos gens & les miens : vous le surprendrez chez-elle. J'ai ici un Ministre tout prêt : qu'il tremble à son tour.

LE BARON, *surpris.*

Quoi, ma sœur, un guet-à-pens ! Des piéges !

Madame MURER, *avec impatience.*

Y a-t'on regardé de si près pour nous faire le plus sanglant outrage ?

LE BARON

Vous avez raison ; mais quand il arrivera, j'airai au devant de lui, je l'attaquerai.

Madame MURER, *avec effroi.*

Il vous tuera.

LE BARON

Il me tuera ! Eh bien, je n'aurai pas survécu à mon déshonneur.

SCENE IV.

Madame MURER *seule.*

VA, vieillard indocile ! je saurai me passer de toi. J'ai fait le mal, c'est à moi seule à le réparer.

SCENE V.

Madame MURER, ROBERT.

ROBERT *accourant.*

MAdame, j'ai entendu essayer une clef à la serrure ; je suis accouru de toutes mes forces.

Madame MURER

Rentrons vîte. Je vais prendre ma niéce chez elle ; éteignez, éteignez. [*Le Laquais éteint les bougies, ils sortent.*]

SCENE VI.

LE COMTE, SIR CHARLES.

Le Comte est en fracq, le chapeau sur la tête & l'épée au fou-reau dans une main; de l'autre il conduit Sir Charles qui a son épée nue sous le bras. Le Sallon est obscur.

LE COMTE

VOus êtes ici en sûrêté, Monsieur; cette maison est à moi, quoique j'aie usé de mystere en y entrant... Mais n'êtes-vous pas blessé?

SIR CHARLES

Je n'ai qu'un coup à mon habit; mais apprenez-moi de grace, Monsieur, à qui j'ai l'obligation de la vie. Sans votre heureuse rencontre, sans votre généreux courage j'aurais infailliblement succombé: ces quatre coquins en voulaient à mes jours.

LE COMTE

Ce service n'est rien, vous eussiez sûrement fait la même chose en pareil cas: on m'appelle le Comte de Clarendon.

SIR CHARLES, *vivement.*

Quoi, c'est le Comte de Clarendon!... J'étais destiné à vous tout devoir, Milord, & à tenir de vous l'honneur & la vie.

LE COMTE

Comment serais-je assez heureux?...

SIR CHARLES

Je vous suis adressé de Dublin.

LE COMTE

Vous êtes le Chevalier Campley pour qui ma sœur & ma cousine m'ont écrit d'Irlande des lettres si pressantes; & que j'ai trouvé sur la liste des visites à ma porte?

SIR CHARLES

C'est moi-même. Depuis cinq jours je m'y suis présenté tous les soirs; aujourd'hui vous veniez de sortir à pied; l'on m'a indiqué votre route, j'ai couru, & j'étois prêt à vous rejoindre lorsqu'il m'ont attaqué; c'est la deuxieme fois depuis mon arrivée; mais ce soir sans vous, Milord...

LE COMTE

Je suis enchanté de cette rencontre, le bien que ces Dames m'écrivent de vous...

SIR CHARLES

Je me suis annoncé sous le nom de Campley, quoique ce ne soit pas le mien.

LE COMTE

Ma sœur me mande qu'une affaire d'honneur vous force à le déguiser ici.

SIR CHARLES

Contre mon Colonel. Il me poursuit ; mais vous jugez à ce qui m'arrive, quel homme est cet adversaire.

LE COMTE

Cela est horrible ? nous en parlerons demain. Vous ne me quitterez pas de la nuit, crainte d'accident : je vous ferai donner un lit chez moi. J'éprouve pourtant un singulier embarras à votre sujet.

SIR CHARLES

Ordonnez de moi, je vous prie.

LE COMTE

La circonstance m'oblige à vous faire un aveu. Je suis attendu dans cette maison pour une explication secrette : j'y venais à pied, lorsque j'ai eu le bonheur de vous être utile.

SIR CHARLES, *souriant.*

Ne perdez pas avec moi un tems précieux.

LE COMTE

Non ce n'est pas ce que vous pensez sûrement. Mais vous savez que les mariages d'intérêt rompent souvent des liaisons agréables ; c'est précisément mon histoire. Une fille charmante qui s'est donnée à moi, & que j'aime à la folie, loge ici depuis quelques jours avec sa famille ; elle a eu vent de mon mariage, on m'a écrit ce soir ; je viens... assez embarrassé, je l'avoue.

SIR CHARLES

C'est une grisette sans doute ?

LE COMTE

Ah, rien moins ? Voilà ce qui m'afflige & qui m'embarrasse. J'ai même un soupçon que ceci pourra bien avoir un jour des suites... Il y a un frere... Mais je crois entendre le signal convenu. Souffrez que je vous laisse un moment au jardin : vous voyez jusqu'où va déjà ma confiance en votre amitié. [*Le Comte le mène au jardin, revient & ferme la porte après lui.*]

SCENE VII.

Madame MURER, EUGENIE, LE COMTE *a posé son épée sur le fauteuil le plus près de la porte* ; BETSY *tient une lumiere, elle rallume les bougies sur la table, & se retire ensuite.*

Madame MURER, *attirant Eugénie à elle.*

C'Est trop résister, Eugénie, je le veux absolument.

LE COMTE, *d'un air empressé.*

J'arrive l'effroi dans l'ame. Un billet que j'ai reçu ce soir m'a glacé le sang : & les deux heures qui ont précédé ce moment ont été les plus cruelles de ma vie.

Madame MURER, *fièrement*

Ce n'est pas votre exactitude qu'il faut défendre.

LE COMTE

Quel sombre accueil ! A quoi dois-je l'attribuer ?

Madame MURER, *indignée.*

Descendez dans votre cœur.

LE COMTE

Que dites-vous ? Ces vains bruits d'un mariage auroient-ils opéré ?...

EUGENIE, *vivement à elle-même.*

Affreux dissimulation !

Madame MURER, *lui fermant la bouche de sa main.*

N'épuisez pas le reste de vos forces, ma chere nièce. [*Au Comte.*] Ainsi, tout ce qu'on rapporte à ce sujet n'est donc qu'un faux bruit ; [*Eugénie s'assied & couvre son visage de son mouchoir.*]

LE COMTE, *moins ferme.*

Daignez revenir sur le passé, & jugez vous-même : comment se pourrait-il ?...

Madame MURER, *l'examinant.*

Vous vous troublez...

LE COMTE, *troublé.*

Si je ne suis pas cru, j'aurai pour moi.... J'invoquerai les bontés de ma chere Eugénie.

Madame MURER, *froidement.*

Pourquoi n'osez vous l'appeller votre femme ?

EUGÉNIE, *outrée, à elle-même.*

Qui m'auroit dit que mon indignation pût s'accroître encore !

LE COMTE, *absolument déconcerté.*

En vérité, Madame, je ne conçois rien à ces étranges discours.

Madame MURER, *avec fureur.*

Démens donc, vil corrupteur, le témoignage de tes odieux complices : démens celui de ta conscience qui imprime sur ton front la difformité du crime confondu : lis. (*Elle lui donne la lettre de Willians. Le Comte la lit. Madame Murer le regarde avec attention pendant qu'il lit.*)

LE COMTE, *a lu & dit à part.*

Tout est connu.

Madame MURER

Il reste anéanti.

LE COMTE, *hésitant.*

Je le suis en effet ; & je dois m'accuser puisque toutes les apparences me condamnent. Oui, je suis coupable. La frayeur de vous perdre, & la crainte d'un oncle trop puissant m'ont fait commettre la foute de m'assurer de vous par de voies illégitimes : mais je jure de tout réparer.

Madame MURER, *à part.*

Et plutôt que tu ne crois.

LE COMTE, *plus vîte.*

Vous futes outragée sans doute, Eugénie, mais votre vertu en est-elle moins pure? a-t'elle pu souffrir un instant de mon injustice! Un profond secret met votre honneur à couvert; & si vous daignez accepter de ma main, à qui aurais-je fait tort qu'à moi? L'amant & l'époux ne se confondront-ils pas aux yeux de mon Eugénie! Ah! l'égarement d'un jour une fois pardonné, sera suivi d'un bonheur inaltérable.

EUGENIE, *se leve & le regarde avec dedain.*

O le plus faux des hommes! fuis loin de moi. J'ai en horreur tes justifications. Vas jurer aux pieds d'une autre femme des sentimens que tu ne connus jamais. Je ne veux t'appartenir à aucun titre : je fais mourir. (*Elle entre dans sa chambre.*]

Madame MURER, *au Comte, en entrant après elle & emportant la lumiere.*

L'abandonnerez-vous en cet état affreux?

LE COMTE, *avec chaleur.*

Non, je la suis.

SCENE VIII.

LE COMTE, *seul.*

ELle se croit déshonorée, il suffit; elle est à moi, elle sera à moi. Ah qu'ai-je fait! Pour l'abandonner, il ne fallait pas la revoir.

SCENE IX.

LE COMTE, SIR CHARLES, *rentrant.*

SIR CHARLES, *dans l'obscurité.*

MIlord?

LE COMTE

Est-ce vous, Chevalier Campley?

SIR CHARLES

C'est moi.

LE COMTE

Pardon : encore un moment, & nous sortons ensemble [*Il veut entrer chez Eugénie.*]

SIR CHARLES, *l'arrêtant par le bras.*

Mais ne craignez-vous rien, Milord? pour une heure aussi avancée, je vois bien du monde sur pied.

LE

LE COMTE, *n'écoutant point.*

Ce sont des valets : je vous rejoins.

SCENE X.

SIR CHARLES *seul, d'un air de méfiance.*

IL y a un grand mouvement dans cette Maison : on va, l'on court. J'ai vu du monde dans le jardin : on vient d'en fermer la porte... Il a l'air troublé, Milord... L'explication doit avoir été orageuse.

SCENE XI.

SIR CHARLES, Madame MURER.

Madame MURER, *sort de la chambre d'Eugénie sans lumiere, & dit à elle-même en marchant :*

LE voilà à ses genoux, l'instant est favorable : allons. [*Elle traverse le Sallon & sort par la porte du jardin.*]

SCENE XII.

SIR CHARLES *seul écoute, & n'entendant plus rien, dit :*

HA ! ha ? cette voix a un rapport singulier... (*Il se promène en faisant le geste de quelqu'un qui rejette une idée bizarre*). C'est un homme bien lâche que ce Colonel !... car ces gens n'étaient pas des voleurs... Mais quelle foule de biens réunis dans la rencontre de Milord Clarendon ? mon libérateur ? l'homme qui doit solliciter ma grace auprès du Roi ? Que de titres pour l'aimer ?... J'entends du bruit... je vois de la lumière : écoutons.

SCENE XIII.

MADAME MURER, SIR CHARLES

Madame MURER *rentre, & dit à des gens qui sont derrière ell*

N'Entrez que quand on vous le dira ; vous vous rangerez tous vers la porte, & à sa sortie vous fondrez sur lui & l'arrêterez. Prenez bien garde qu'il ne vous échappe.

(*Elle traverse le Sallon en silence & rentre chez Eugénie. Les Laquais retournent au jardin.*)

SIR CHARLES, *après avoir écouté.*

Il y a de la trahison! Serais-je assez heureux pour être à mon tour utile à mon nouvel ami?...

SCENE XIV.

LE BARON, SIR CHARLES.

LE BARON, *entre par la porte du vestibule, le chapeau sur la tête & l'épée au côté sans lumiere.*

LE projet de ma sœur m'inquiéte; Clarendon serait-il ici?

SIR CHARLES, *tire son épée, & marchant fiérement au Baron lui met la pointe sur le cœur & lui dit:*

Qui que vous soyez, n'avancez pas.

LE BARON, *crie, en portant la main à la garde de l'épée.*

Quel est donc l'insolent?

SIR CHARLES, *d'un ton encore plus fier.*

N'avance pas, ou tu es mort.

SCENE XV.

LE BARON, SIR CHARLES.

Des valets armés entrent précipitamment avec des flambeaux allumés par la porte du jardin.

LE BARON *reconnaissant Sir charles.*

MOn fils?

SIR CHARLES

O Ciel? mon père?

LE BARON

Par quel bonheur es-tu chez-moi à cette heure?

SIR CHARLES

Chez-vous? Et quel est donc cet appartement? (*Montrant celui où il a vu entrer le Comte*).

LE BARON

C'est celui de ta sœur.

SIR CHARLES *avec un mouvement terrible.*

Ah, grands Dieux? Quelle indignité!

SCENE XVI.

Madame MURER, LE BARON, SIR CHARLES LEURS GENS

Madame MURER *accourrant au bruit, & s'écriant d'étonnement*

SIr Charles ! C'est le Ciel qui nous l'envoie.

SIR CHARLES *au désespoir.*

Affreux événement ! Je n'ai plus que le choix d'être ingrat ou déshonnoré.

Madame MURER

Il va sortir.

SIR CHARLES, *troublé.*

Ma sœur ! mon libérateur ! Je suis épouvanté de ma situation

Madame MURER

Osez-vous balancer ?

SIR CHARLES *les dents serrées*

Balancer ?... Non, je suis décidé.

Madame MURER *aux valets.*

Approchez-tous.

SCENE XVII.

Madame MURER, LE BARON, SIR CHARLES. leurs Gens; BETSY, le COMTE, EUGENIE.

EUGENIE, *au bruit ouvre la porte, & retenant le Comte dit.*

ILs sont armés ! O Dieux ! ne sortez pas.

LE COMTE, *la repoussant.*

Je suis trahi. (*A Sir Charles.*) Mon ami, donnez-moi mon épée. (*Sir Charles, qui tient toujours son épée nue, court se saisir de celle du Comte.*)

EUGÉNIE, *effrayée.*

Presque en même tems, C'est mon frere !

LE COMTE

Son frere !

SIR CHARLES, *furieux.*

Oui, son frere.

LE COMTE, *à Eugénie avec mépris.*

Ainsi donc vous m'attiriez dans un piège abominable !

EUGÉNIE, *troublée.*

Il m'accuse !

LE COMTE

Votre colere, vos dédains n'étaient qu'une feinte pour leur donner le loisir de me surprendre.

EUGENIE, *tombant mourante sur un fauteuil, Betsy la soutient;*

Voilà le dernier malheur.

Madame MURER, *au Comte.*

Tous ces discours sont inutiles; il faut l'épouser sur le champ, ou périr.

LE COMTE, *avec indignation.*

Je céderais au vil motif de la crainte? Ma main serait le fruit d'une basse capitulation?... Jamais.

Madame MURER.

Qu'as tu donc promis tout-à-l'heure?

LE COMTE, *sur le même ton.*

Je rendais hommage à la vertu malheureuse: sa douleur était plus forte qu'un million de bras armés. Elle amollissait mon cœur, elle allait triompher; mais je méprise des assassins.

LE BARON.

M'as-tu cru capable de l'être? Juges-tu de moi par le dés honneur où tu nous plonges?

Madame MURER, *fortement aux valets.*

Saisissez le.

SIR CHARLES, *se jette entre le Comte & les valets.*

Arrêtez.

Madame MURER, *plus fort.*

Saisissez-le, vous dis-je.

SIR CHARLES, *d'une voix & d'un geste terrible.*

Le premier qui fait un pas...

LE BARON, *aux valets.*

Laissez faire mon fils.

Madame MURER, *au désespoir, va se jetter sur un fauteuil en croisant ses mains sur son front comme une personne au désespoir.*

SIR CHARLES, *au Comte, du ton d'un homme qui contient une grande colère.*

Ma présence vous rend ici, Milord, ce que vous avez fait pour moi: nous sommes quittes. Les moyens qu'on emploie contre vous sont indignes des gens de notre état. Voilà votre épée. [*Il la lui présente.*] C'est désormais contre moi seul que vous en ferez usage. Vous êtes libre, Milord, sortez. je vais assurer votre retraite: nous nous verrons demain.

LE COMTE, *étonné, regardant Eugénie & Sir Charles tour-à-tour, dit à plusieurs reprises:*

Monsieur, je... j'y compte... je vous attendrai chez moi. [*Il regarde de nouveau Eugénie en soupirant comme un homme désolé. Il sort par la porte du jardin; le Baron retient les valets, & lui livre le passage.*]

SCENE XVIII.

EUGÉNIE, le BARON, Madame MURER, leurs Gens, SIR CHARLES.

Madame MURER, *furieuse se relevant & s'adressant à son neveu.*

C'Etait donc pour l'arracher de nos mains que tu t'es rencontré ici ?

SIR CHARLES, *troublé.*

Vous me plaindrez tous, lorsque vous saurez... Vous serez vengés, n'en doutez pas... Mais cette Eugénie dont toute sa famille étoit si vaine...

Madame MURER, *d'un ton furieux.*

Sir Charles... vengez votre sœur, & ne l'accusez pas. Elle est l'innocente victime... Entrons chez elle : venez, vous frémirez de mon récit.

SIR CHARLES, *pénétré de douleur.*

Elle n'est pas coupable ? Ah, ma sœur ? pardonne mon erreur. Reçois... [*Il lui prend les mains.*] Elle ne m'entend pas. [*A sa tante.*] Ne songez qu'à la sécourir. (*Madame Murer, Betsy, & Robert qui se détache du grouppe des valets emmenent Eugénie dans sa chambre par dessous les bras.*)

SCENE XIX.

LE BARON, SIR CHARLES, leurs Gens.

SIR CHARLES *du ton le plus terrible, en prenant la main du Baron.*

ET vous, mon père ? recevez pour elle le serment que je fais... Oui ; si la rage qui me possède ne m'a pas étouffé ; si le feu qui dévore le sang de cette infortunée ne l'a pas consumé avant le jour ; je jure par vous qu'une vengeance éclatante aura dévancé sa mort.

LE BARON.

Viens, mon cher fils. *ils entrent chez Eugénie. Les Laquais sortent par la porte du vestibule avec leurs flambeaux.)*

Fin du quatrieme Acte.

ACTE V.

SCENE PREMIERE.

SIR CHARLES, Madame MURER, *sortant de la chambre d'Eugénie.*

Madame MURER

PAssons ici maintenant qu'elle est un peu calmée, nous y parlerons avec plus de liberté.

SIR CHARLES *d'un ton terrible.*

Après ce que vous venez de me dire, après tout ce que j'ai appris... l'outrage & l'horreur sont à leur comble. Ma fureur ne connait plus de bornes. Le sort en est jetté : il va périr.

SCENE II.

Mad. MURER, SIR CHARLES, EUGÉNIE.

sortant de sa chambre, l'air troublé, l'habillement en désordre, les cheveux à bas, sans collier ni rouge, & absolument décoëffée.

EUGENIE

QUai-je entendu ? Mon frère...

SIR CHARLES *lui baisant la main.*

Chère & malheureuse Eugénie ! si je n'ai pu prévenir le crime, au moins j'aurai la triste satisfaction de le punir.

EUGÉNIE *cherchant à le retenir.*

Arrêtez... Quel fruit attendez vous ?...

SIR CHARLES *avec fermeté.*

Ma sœur, quand on n'a plus le choix des moyens, il faut se faire une vertu de la nécessité.

EUGÉNIE *d'une voix altérée*

Vous parlez de vertu ! & vous allez égorger votre semblable !

SIR CHARLES *indigné.*

Mon semblable ! un monstre !

EUGÉNIE

Il vous a sauvé la vie.

SIR CHARLES *fièrement.*

Je ne lui dois plus rien.

EUGÉNIE *éperdue.*

Grand Dieu ! sauvez-moi de mon désespoir... Mon frère... au nom de la tendresse, & sur-tout au nom du malheur qui m'accable... Serais-je moins infortunée, moins perdue quand le nom d'un parjure... quand son souvenir sera effacé sur la terre... (*Plus fort*). Et si votre présomption se trouvait punie par le fer de votre ennemi, quel coup affreux pour un père ! Vous, l'appui de sa vieillesse, vous allez mettre au hasard cette vie dont il a tant besoin !... [*d'une voix brisée*]. pour une malheureuse fille que tous vos efforts ne peuvent plus sauver. Je vais mourir.

Madame MURER *se jette sur un siège contre la table & appuye sa tête dessus*).

SIR CHARLES *avec feu.*

Tu vivras... pour jouir de ta vengeance.

EUGENIE *désespérée, du ton le plus violent.*

Non : je n'en suis pas digne. En faut-il des preuves ? Ah ! je me méprise trop pour le dissimuler. Tout perfide qu'il est, mon cœur se révolte encore pour lui : je sens que je l'aime malgré moi. Je sens que, si j'ai le courage de le mépriser vivant, rien ne pourra m'empêcher de le pleurer mort. Je détesterai votre victoire ; vous me deviendrez odieux ; mes reproches insensés vous poursuivront par-tout : je vous accuserai de l'avoir enlevé au repentir.

SIR CHARLES *en colère.*

L'honneur outragé s'indigne de tes discours, & méprise tes larmes. Adieu, je vole à mon devoir.

EUGENIE *égarée.*

Ah, barbare ! arretez... Quelle horrible marque d'attachement allez-vous m'offrir ?

(*Madame Murer la retient, Sir Charles sort*).

SCENE III.

EUGENIE, Madame MURER, BETSY

EUGENIE *continuant avec égarement.*

LE spectacle de son épée sanglante arrachée du sein de mon époux... [*d'un ton étouffé*]. Mon époux ! Quel nom j'ai prononcé! Mes yeux se troublent.. les sanglots me suffoquent.. (*Madame Murer & Betsy l'asseyent*).

Madame MURER

Modérez l'excès de votre affliction.

EUGENIE *pleurant amèrement.*

Non : l'on ne connaîtra jamais la moitié de mes tourmens. L'insensé qu'il est ! s'il savait quel cœur il a déchiré.

Madame MURER *pleurant aussi.*

Consolez-vous, ma chère fille : l'horrible histoire sera ensevelie dans un profond secret. Espérez, mon enfant.

EUGENIE *hors d'elle même.*

Non, je n'espérerai plus : je suis lasse de courir au-devant du malheur. Et plût à Dieu ! que je fusse entrée dans la tombe, le jour qu'au mépris du respect de mon pere, je me rendis à vos instances ! Votre cruelle tendresse a creusé l'abyme où l'on m'a entraînée.

Madame MURER, *avec saisissement.*

Quoi !... vous aussi, Miss !..

EUGENIE *troublée.*

Je m'égare... Ah ! pardon, Madame : oubliez une malheureuse.. (*d'une voix ténébreuse.*) Où donc est Sir Charles?... Il ne m'a pas entendue... Le sang va couler... Mon frere ou son ennemi percé de coups...

SCENE IV.

Les Acteurs précédens, LE BARON, *entre.*

EUGÉNIE *lui crie avec désespoir.*

MOn pere, vous l'avez laissé sortir !

LE BARON, *pénétré.*

Crois-tu mon cœur moins déchiré que le tien? N'augmente pas mes peines, lorsque le courage de ton frere va tout réparer. (*A part.*) ou nous rendre doublement à plaindre.

EUGÉNIE, *au désespoir, avec feu.*

Pouvez-vous l'espérer, mon pere? La vengeance de sa famille ne vivra-t'elle pas pour faire tomber votre fils à son tour? Nos parens aussi fiers que les siens, laisseront-ils cette mort impunie? Quel est donc le terme où le carnage devra s'arrêter? Est-ce quand le sang des deux maisons sera tout-à-fait épuisé?

LE BARON, *en colère.*

Imprudente ! Un cœur aussi crédule, avec autant de moyens de t'en garantir ! [*Betsy sort par le vestibule.*]

SCENE V.

EUGE'NIE, Madame MURER, LE BARON, SIR CHARLES, *Sans épée.*

LE BARON, *appercevant Sir Charles.*

MOn fils !...

Madame MURER

Sitôt de retour !

LE BARON

Sommes-nous vengés !

SIR

SIR CHARLES, *d'un air consterné.*

O mon pere ! vous voyez un malheureux...... à deux pas d'ici, j'ai trouvé le Comte ; il a voulu parler ; sans l'écouter, je l'ai forcé de se défendre ; mais lorsque je le chargeais le plus vigoureusement.... ô rage !.... mon épée rompue....

LE BARON

Eh bien mon fils ?

SIR CHARLES

Vous n'avez plus d'armes, m'a dit froidement le Comte ; je ne regarde point cet affaire comme terminée ; j'approuve votre ressentiment ; je connais comme vous les loix de l'honneur ; nous nous verrons dans peu... Il est parti...

Madame MURER

Pour aller terminer son mariage : voilà ce que j'avais prévu.

SIR CHARLES, *d'un ton désespéré.*

Je suis prêt à m'arracher la vie. Ma sœur, ma chere Eugénie ! je t'avais promis un défenseur, le sort a trompé mon attente.

EUGENIE, *assise, d'un ton mourant.*

Le Ciel a eu pitié de mes larmes, il n'a pas permis qu'un autre fut entraîné dans ma ruine .... O mon pere ! O mon frere !.... serez-vous plus inflexible que lui ? La douleur qui me tue, va laver la tache que j'ai imprimée sur toute ma famille. [*Ici sa voix baisse par degrés.*] Mais ce sacrifice lui suffit ; j'étais seule coupable, & le juste ciel veut que j'expie ma faute par le déshonneur, le désespoir & la mort. (*Elle tombe épuisée, Madame Murer la reçoit dans ses bras.*)

SCENE VI.

LE BARON, SIR CHARLES, Mad. MURER, EUGÉNIE, [*les yeux fermés, renversée sur le fauteuil,*] BETSY.

BETSY, *accourant.*

ON frappe à coups redoublés

Madame MURER

A l'heure qu'il est..... si matin..... courez. Qu'on n'ouvre pas. [*Betsy sort.*]

SCENE VII.

Madame MURER, LE BARON, SIR CHARLES; EUGENIE

LE BARON

Pourquoi?

Madame MURER

Il y a tout à craindre.... un homme auſſi méchant que son oncle....

LE BARON

Que peut-on nous faire?

Madame MURER

Après ce qui s'eſt paſſé cette nuit, mon frere... Un ordre ſupérieur... Votre fils... Que ſçait-on?...

SIR CHARLES

Il n'eſt pas capable de cette lâcheté.

Madame MURER

Il eſt capable de tout.

SCENE VIII.

Les mêmes Acteurs, BETSY, *accourant.*

BETSY, *toute eſſoufflée.*

C'Eſt le Comte de Clarendon.

SIR CHARLES Madame MURER, *Enſemble.*

Clarendon!

LE BARON

Je le voudrais.

BETSY

Je l'ai vu dans la cour... le même habit. Il me ſuit.

SCENE IX. *& derniere.*

Les mêmes, LE COMTE DE CLARENDON,

entre précipitamment ſans épée.

LE BARON, *avec horreur.*

C'Eſt lui.

Madame MURER

Il veut la voir mourir.

LE BARON

Il mourra avant elle. [*Il avance vers lui, & met l'épée à la main.*] Défends-toi, perfide.

SIR CHARLES, *se jettant au-devant.*

Mon pere, il est sans armes.

LE COMTE

J'ai cru que le repentir était la seule qui convînt au coupable. [*Il court se mettre aux genoux d'Eugénie.*] Eugénie tu triomphes. Je ne suis plus cet insensé qui s'avilissait en te trompant; je te jure un amour, un respect éternel. [*se levant avec effroi.*] O Ciel! l'horreur & la mort m'environnent! que s'est-il donc passé?

SIR CHARLES, *pleurant.*

Ces nouvelles arrivent trop tard: l'objet de tant de larmes n'est plus en état de recevoir aucune consolation.

LE COMTE, *vivement.*

Non, non. L'excès de la douleur seul à porté le trouble dans ses esprits.

Madame MURER, *pleurant.*

Hélas! nous n'espérons plus rien. [*Betsy est debout derrière le fauteuil de sa maîtresse, & s'essuye les yeux avec son tablier*

LE COMTE *effrayé.*

Craindriez-vous pour elle? Ah! laissez-moi me flatter que je ne suis pas si coupable. [*D'un ton plus doux.*] Eugénie! chère épouse! Cette voix qui avoit tant d'empire sur ton cœur, ne peut-elle plus rien sur toi? (*Il lui prend la main*)

EUGENIE, *rappellée à elle, par le mouvement qu'elle reçoit, regarde en silence, fait un mouvement d'horreur en voyant le Comte se retourne, & dit:*

Dieux!... j'ai cru le voir...

LE COMTE, *se remettant à ses pieds.*

Oui, c'est moi.

EUGENIE, *dans les bras de sa tante, dit en frissonnant sans regarder:*

C'est lui!...

LE COMTE

L'ambition m'égaroit, l'honneur & l'amour me ramenent à vos pieds... nos beaux jours ne sont pas finis.

EUGENIE *les yeux fermés & levant les bras.*

Qu'on me laisse... qu'on me laisse...

LE COMTE *avec feu.*

Non, jamais. Ecoutez moi. Cette nuit, en vous quittant, le cœur plein d'amour pour vous, & d'admiration pour un si noble ennemi [*Il montre Sir Charles en se levant.*], j'ai couru me jetter aux pieds de mon oncle, & lui faire un aveu de tous mes attentats. Le repentir m'élevait au-dessus de la honte. Il a vu mes remords, ma douleur, il a lu l'acte faux qui atteste mon crime & votre vertu. Mon désespoir & mes larmes l'ont fait consentir à mon union avec vous : il seroit venu lui-même ici vous l'annoncer : mais, le dirai-*je* ! il a craint que *je* ne puisse jamais obtenir mon pardon. Prononcez, Eugénie, décidez de mon sort.

EUGENIE, *d'une voix foible, lente & coupée.*

C'est vous ! j'ai recueilli le peu de forces qui me restent, pour vous répondre, ne m'interrompez point.... je rends grace à la générosité de Milord Duc.... *je* vous crois même sincère en ce moment.... mais l'état humiliant, dans lequel vous n'avez pas craint de me plonger...., l'opprobre, dont vous avez couvert celle que vous deviez chérir, ont rompu tous les liens......

LE COMTE, *vivement.*

N'achevez pas. Je puis vous être odieux ; mais vous m'appartenez, mes forfaits nous ont tellement unis l'un à l'autre.

EUGENIE, *douloureusement.*

Malheureux ? qu'osez-vous rappeller ?

LE COMTE, *avec feu.*

J'oserai tout pour vous obtenir. Au defaut d'autres droits *je* rappellerai mes crimes pour m'en faire des titres.. Oui, vous êtes à moi. Mon amour, les outrages dont vous vous plaignez, mon repentir, tout vous enchaîne & vous ôte la liberté de refuser ma main ; vous n'avez plus le choix de votre place, elle est fixée au milieu de ma famille : interrogez l'honneur ; consultez vos parens ; ayez la noble fierté de sentir ce que vous vous devez.

LE BARON, *au Comte.*

Ce qu'elle se doit, est de refuser l'offre que vous lui faites ; *je* ne suis pas insensible à votre procédé, mais j'aime mieux la consoler toute ma vie du malheur de vous avoir connu, que de la livrer à celui qui a pu la tromper une fois. Sa fermeté lui rend tout mon estime.

LE COMTE, *pénétré.*

Laissez-vous toucher, Eugénie ; je ne survivrai pas à des refus obstinés.

EUGENIE, *veut se lever pour sortir, sa foiblesse la fait retomber assise.*

Cessez de me tourmenter par de vaines instances, le parti que *j'ai* pris, est inébranlable ; j'ai le monde en horreur.

LE COMTE, *regardant autour de lui, s'adresse enfin à Madame Murer.*

Madame, je n'espere plus qu'en vous.

Madame MURER, *fiérement.*

Je consens qu'elle vous pardonne, si vous pouvez vous pardonner à vous-même.

LE COMTE, *d'une voix forte & d'un ton de dignité.*

Vous avez raison, celui qui s'est rendu si criminel, est à jamais indigne de partager son sort. Vous n'ajouterez rien dont je ne sois pénétré d'avance... [*A Eugénie avec plus de chaleur.*] Mais, cruelle! quand le ciel & la terre déposent contre mon indignité, aucun murmure ne se fait-il entendre dans ton sein? & l'être infortuné qui te devra bien-tôt le jour, n'a-t-il pas des droits plus sacrés que ta résolution? C'est pour lui que j'éleve une voix coupable; lui raviras-tu par une double cruauté l'état qui lui est dû? & l'amour outragé ne cédera-t'il pas au cri de la nature? [*En s'adressant à tous.*] Barbares! si vous ne vous rendez pas à ces raisons vous êtes tous, s'il se peut, plus inhumains, plus féroces que le monstre qui a pu outrager sa vertu, & qui meurt de douleur à vos pieds. [*Il tombe aux genoux du Baron.*] Mon pere!

LE BARON, *le relevant, lui serre les mains, & après un moment de silence.*

Je vous la donne.

LE COMTE, *s'écrie..*

Eugénie!

LE BARON, *à Eugénie.*

Rendons-nous, ma fille; celui qui se repent de bonne foi est plus loin du mal que celui qui ne le connut jamais.

EUGENIE, *regarde son pere, laisse tomber sa main dans celle du Comte, & va parler. Le Comte lui coupe la parole.*

LE COMTE, *par exclamation*

Elle me pardonne!

EUGÉNIE, *après un soupir.*

Va! tu mérites de vaincre, ta grace est dans mon sein, & le pere d'un enfant si desiré ne peut jamais m'être odieux. Ah, mon frere! ah ma tante! la vue du consentement que je fais naître en vous tous, me remplit de joie à mon tour. [*Madame Murer l'embrasse avec joie.*]

LE COMTE, *transporté.*

Eugénie me pardonne; ah! la mienne est extrême: cet événement va nous rendre tous aussi heureux, que vous êtes dignes de l'être, & que j'ai peu mérité de le devenir.

SIR CHARLES, *au Comte*

Généreux ami! que d'éloges nous vous devons!

LE COMTE

Je rougirais de moi, si je n'avois aspiré qu'à les obtenir; le bonheur avec Eugénie, la paix avec moi-même & l'estime des honnêtes gens: voilà le seul but auquel j'ose prétendre.

LE BARON *avec joie.*

Mes enfans, chacun de vous a fait son devoir aujourd'hui : vous en recevez la récompense. N'oubliez donc jamais qu'il n'y a de vrais bien sur la terre, que dans l'exercice de la vertu.

LE COMTE, *baisant la main d'Eugénie avec enthousiasme*,

O ma chere Eugénie ! ...

Tous se rassemblent autour d'elle, & la toile tombe.

Fin du cinquiéme & dernier Acte.

268

www.ingramcontent.com/pod-product-compliance
Ingram Content Group UK Ltd.
Pitfield, Milton Keynes, MK11 3LW, UK
UKHW021002180726
13838UKWH00003B/1424